CEIBS | 中欧经管图书　　《中欧商业评论》精选集

新商业新势力

社会巨变下的创业思路

周雪林　王正翊／主编

复旦大学出版社

目 录

序一 / V

序二 / IX

第一部分　走在潮头的商业新生代

1　一只"蚂蚁"的农村金融野心 / 3

对于将自己定位为传统金融"补充者"的蚂蚁金服来说，令许多人望而却步的农村市场是其必垦之地。

2　新达达：浪潮之下 / 21

这家刚满两岁的创业公司想做一件大事——"让天下O2O没有难做的生意"。

3　汇通达下乡记 / 35

"武装"夫妻店，"收编"代理商，汇通达通过为既有流通网络的关键节点做加法，走出了一条另类的农村电商路。

4　孩子王的"单客经济学" / 55

从经营商品到经营顾客，对单客增长的追求使孩子王构建了一种颇具革命性的零售服务模式。

新商业 新势力：
社会巨变下的创业思路

5 买单侠：技术派玩转蓝领信贷 / 72

买单侠避开巨头们的厮杀，撬开了金字塔底层年轻人的信贷蓝海。然而，这家公司运作的核心并非情怀，而是极度的理性和计算。

第二部分　互联网重塑传统行业

6 找钢网：在夕阳产业谋大局 / 89

"互联网""风险投资"和"钢铁"三者的结合，让找钢网成了某种意义上的全球首创模式。

7 当大货车变成"0"和"1" / 99

当一辆卡车接入了互联网，它的每次颠簸都与G7平台相关联的时候，卡车运输行业的规则就悄然发生了变化。

8 微医：互联网医疗的"铁人三项" / 109

在医疗行业，任何一点突破都可能引起既有利益派的质疑，更何况是一下子推开了一扇门。

9 上海百事通：法律界的Uber？ / 125

当法律搭上互联网这班车，生意究竟能怎么做？

第三部分　大变局中的转型标杆

10 猎豹三变 / 141

凭借不被看好的安全清理类工具产品，猎豹移动顺利出海。接下来的考验是，它能否真正解决变现难题？

目 录

11 韩都衣舍：一个线上品牌的衍变 / 162

从时尚品牌企业到平台型企业，转型看似不小，但韩都衣舍进行得并不十分费力，以小组制为核心的单品全程运营体系功不可没。

12 震坤行：工业超市的转型之路 / 174

服务传统工业企业的震坤行，运用"＋互联网"战略实现升级转型，在工业用品采购和管理智能化方面趟出了一条新路。

13 蜂云网络：一个手机分销商的"意外"转型 / 187

手机分销已处没落期，蜂云网络却找到了转型之路：通过产业物流商的身份下沉农村，赶在淘宝、京东之前完成农村电商运营和服务的布局。

14 猪八戒网：九年熬成百亿估值 / 200

"我没想到，平台公司居然发展这么慢。好在创业者都是乐观主义者，我始终坚信方向正确，就是需要有耐心。"

15 "超级导购"：重新定义总部与终端 / 213

品牌零售大型企业总部与终端的终极矛盾，被一个叫"超级导购"的 App 化解了。它的愿景是成为零售行业数字化智能化的运营平台。

16 从流动水果摊到年收 20 亿的逆袭 / 224

生鲜电商竞争已然白热化，一家线下逆袭的传统水果连锁商将如何参战？

序 一

在编辑部的人物选题讨论中，近来最让我们着迷的是埃隆·马斯克。本质上，他是一个末世论者，又从这种"末世"的紧迫感中获得了惊人的行动力和说服力。无论是特斯拉还是SpaceX，成功概率都是很低的，根本不是基于理性的商业判断。马斯克之所以要"飞蛾扑火"，投身于这些不可能的任务，是因为他作出判断和选择的尺度并非只是商业，而是末世的危机感。同事说："一本正经地说要拯救地球和人类，这类常常出现在美式大片中的桥段，是马斯克的口头禅。"我们都同意，"上帝视角"，这是马斯克的尺度，从而也成就了他很不寻常的事业。

尺度是一个很奇妙的概念。《超时空接触》是一部老电影，它的片头始终很让我震撼，念念不忘。在无线电收音机的嘈杂声中，镜头视角从我们居住的这个蓝色星球开始向外太空推移，掠过各种行星，恒星，超越太阳系，再超越银河系，最终，银河也只是无限浩渺的一粒微尘……随着镜头的推移，这无限的宇宙却最终含摄在了一个女孩的瞳孔之中。可见,"世界"就是"视界",你用什么样的尺度看待外界,就会得到相应尺度的"真实"。

为什么在《中欧商业评论》这本案例精选集的序言里,提到"尺度"这个概念?因为案例的意义就在于拓展"视界",从而改变你的"世界"。每一个案例的入选,并非因为它们是多么正确,代表着唯一答案;而在于它们呈现了一个个与众不同的维度,基于这些独特的维度,成为独一无二的企业,在竞争中脱颖而出。案例集的意义首先在于独特性的叠加,藉此,固有的认知尺度也许能够得以拓展。

在这里提到马斯克还有一个原因——他的思考方式。物理专业出身的马斯克常常说,要以第一性原理来思考事物。"不管它是哪个领域,一定要确定最本源的真相,一定要有非常高的确定性。在你做出结论之前,必须在这些最本源的真实性上得出结论。所以,物理的思维方式是非常好的一个框架。包括我们能源的消耗、产品等等,里面都涉及第一定律的应用……"

回到这本案例集,同样,我们需要穿透不同行业、不同发展阶段、不同管理模式的表象,去寻找它们背后的"第一性原理"。否则,通过案例学到的只是表象而非本质,最糟糕的结果莫过于画虎不成反类犬。要知道,有时候我们可以在一篇案例里看到自己能够学习什么,有时候恰好相反,通过对一篇案例的学习,我们得以知道自己不需要什么。无论怎样,穿透纷纭的现象而获知原理,才是案例集的真正意义。

序 一

这两本小书，汇编了《中欧商业评论》杂志近年来采写的经典案例。面对浩若繁星的企业，选择哪些作为案例写作对象？通常，我们会秉持两个原则：一方面，它们要有着丰富的异质性。换句话说，要为读者提供多元化的维度和尺度，从而打开他们的视野。异质性意味着这些企业都是创新的，而非亦步亦趋的。另一方面，它们又要有着某种一致性，符合特定时代、特定技术浪潮、消费趋势以及商业运作的规律。

基于前者，我们去关注不断涌现的各种商业创新势力，发现那些新锐商业模式的创立者、"互联网+"的引领者、自我变革的践行者。基于后者，我们注意到，这是一个消费升级的时代，泛娱乐化的时代，人人都可以表达自己的时代，在这股浪潮下，品位就是商机，所以要懂生活；知识就是商机，所以要有文化；娱乐就是商机，所以要会玩耍。

总而言之，在这两本不同主题的案例汇编中，你既能触摸到强烈的时代脉搏，也能获知超越时代表象的商业本质。由表及里，由外及内，一起开始这场愉悦的阅读旅程吧。

周雪林
《中欧商业评论》出版人，中欧国际工商学院院长助理

王正翊
《中欧商业评论》主编

序 二

衡量企业是否成功，大抵存在着一定的标准，譬如企业的行业地位、管理模式、盈利能力、发展能力等。而企业通往成功的路径却不尽相同，正所谓"殊途同归，其致一也"，企业通过巧妙地创造、分配和组合各种新旧资源，以达到预期的目标。莱布尼茨曾说过，"凡物莫不相异"，那么，在各行各业、各形各色的企业当中，挑选出兼备说服力、时效性、多样化、启发力等特质，同时能够提供趣味性阅读体验的案例，着实需要下一番功夫。

无论你是学生、学者、创业者，还是企业家，若想要以史为鉴，开阔眼界，从真实的管理学案例中捕捉灵感，在时代的洪流中搏击风浪，那么这两本《中欧商业评论》的经典案例精选集是绝对不容错过的。

我们为什么要学习案例？我曾经听到一位学生如此问我。他说，这个世界上没有两片相同的叶子，照葫芦画瓢，也只能模拟

新商业　新势力：
社会巨变下的创业思路

个大概，适不适合自己也未必。我的回答是，我们学习案例的目的，永远不是复制，而是创造。通过阅读一篇篇案例，我们能够一览高山密林里既多样化、又多元化的树叶（企业），在这个过程之中，我们会逐步分辨出隐含在树叶之中的脉络结构（模式），判别异同，取己所需，进而创造出属于自己的、独一无二的树叶（路径）。

有人说，我们生活在一个最好的时代，也是一个最坏的时代。这个时代瞬息万变、商机四伏，在层出不穷的机遇中蕴含着前所未有的危机和挑战。从互联网到互联网+，从仅为丰衣足食到追求生活品质，传统的商业模式已顺应着时代的剧烈变革与民众的多样化需求，逐渐进化成愈发新锐的商业模式，而企业也逐渐从传统的要素驱动型转向创新驱动型。移动支付、共享经济、人工智能……这些新锐的尝试彻底改变了一代人的生活习惯，把曾经在科幻电影中出现的画面带到了真实世界。而当我们感叹一切是如此不可思议之际，新一轮创新与动荡早已蠢蠢欲动。因此，把握大环境下的市场动态，了解行业内外的竞争信息，对于任何一家想要在通往成功的道路上披荆斩棘、另辟蹊径的企业而言，是至关重要的。

这两本《中欧商业评论》杂志的案例精选集，采选了近些年来经典案例之最，从"吃"到"玩"，从"变革"到"创新"，环环相扣、层层推进地挖掘各类企业在各个环节的行为，以及去探究影响这些行为的背后的原因。这里，有两点我需要强调：（1）这些新商业、新势力统统离不开"变"与"新"。临危不乱的从容决策，力挽狂澜的佳话传奇，与作为领军人物的人格魅力，绝不仅是凭借"天赋"与"经验"，如果墨守成规、故步自封，很快就会被时代的浪潮所淹没；（2）企业在各个环节的创新行为，绝不仅仅是单一因素影响的，而是各种因素在纵度与宽度之间的组合。基于以上两点，再结合阅读者本身的背景与目的，最终所能够汲取的经验教训必然是具有针对性的。

知己知彼者，百战不殆。我们要做的，是在万变中摸索其宗，将理想与创意落地生根。我相信，这两本案例精选集会是茫茫商海之中的一座灯塔，使你少走弯路，助你审时度势，给你带来不同寻常的阅读体验，体会异曲同工之妙，窥见这个一切皆有可能的时代的缩影。

蔡舒恒

中欧国际工商学院管理学副教授

中欧升级导师课程-课程主任

第一部分
走在潮头的商业新生代

1 一只"蚂蚁"的农村金融野心 *

对于将自己定位为传统金融"补充者"的蚂蚁金服来说,令许多人望而却步的农村市场是其必垦之地。

2016年6月20日,在国家级贫困县湖南平江县三市镇淡水村的一个酿酒厂房里,蚂蚁金服与国内非政府组织中规模最大的小额信贷扶贫机构——中和农信宣布"牵手",就"互联网+精准扶贫"正式达成战略合作关系。扶贫,意味着蚂蚁金服向农村金融的深水区又迈进了一步。

自2014年10月16日成立以来,蚂蚁金服关于集团战略方向的表述已作过数次调整,而农村金融始终在列。对于将自己定

---

* 本文作者罗真,《中欧商业评论》编辑总监;龚焱,中欧国际工商学院创业管理实践教授。原载于《中欧商业评论》2016年第8期。

位为传统金融"补充者"的蚂蚁金服来说，令许多人望而却步的农村市场是其必垦之地。

根据中国银行业协会统计，截至 2015 年底，涉农贷款余额在各项人民币贷款余额中占 28.1%。此外，农村地区信用档案的数量为城市的 1/4；每万人拥有的金融服务人员数量，农村也大大少于城镇。蚂蚁金服要做的本就是利用自身的数据和技术优势，覆盖传统金融体系覆盖不到的人群，服务于此前因金融机构运营成本高、信息不对称、抵押物缺乏等困难无法享受传统金融服务的用户。农村市场无疑在其版图之内。

2016 年 1 月，蚂蚁金服正式成立农村金融事业部，将支付、信贷、理财、保险、征信等原本独立的业务条线横向打通，同时连接阿里巴巴集团的农村淘宝、菜鸟物流等平台，向"三农"用户提供旺农贷、旺农保、旺农付三大类金融服务（图 1-1）。根据服务对象、资金需求等的不同，服务模式也已形成清晰的分层（图 1-2）。"目前，我们的农村金融着力在三个方面，即以信贷拉动的三种模式：数据化平台模式、'线上+线下'熟人模式、供应链和产业金融模式。"蚂蚁金服农村金融事业部副总经理陈嘉轶介绍。

农村，这个在传统金融机构眼中几乎无利可图的市场，已成为蚂蚁金服未来版图里的核心高亮区之一。

1 一只"蚂蚁"的农村金融野心

图 1-1 旺农贷、旺农保、旺农付三大平台

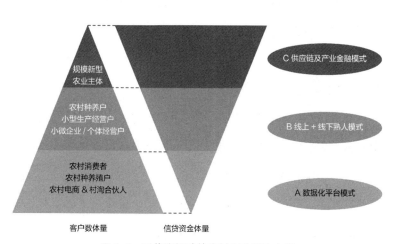

图 1-2 以信贷拉动的农村金融解决方案

新商业　新势力：
社会巨变下的创业思路

云端的大数据决策

云端的大数据自动决策系统，可以在实现有效风控的同时，大幅降低成本。

"90后"朝博是浙江省安吉县一名返乡创业大学生，毕业后依托安吉的椅业资源开了一家专卖椅子的淘宝店。几年下来，店铺的月均流水达到几十万元，年收入100多万元。为了应对短期资金周转的需要，朝博从2014年起多次使用淘宝推荐的"提前收款""大促贷"等信贷业务，已累计贷款300多万元。"传统银行贷款手续很烦琐，时间也长，跑十几趟都不一定批得下来。而我们的资金紧张常常就是几天的事情，过后就不需要了。淘宝贷款几秒钟就可以到账，你还可以随时从后台看到自己能贷到多少钱。"朝博说。

朝博是蚂蚁金服数据化平台模式的典型用户代表。在蚂蚁金服的农村用户中，一部分人已被阿里、蚂蚁金服体系内的既有平台覆盖，如支付宝用户、淘宝买家、淘宝店主、村淘合伙人等。依据平台的信用评分，这部分人可以相当便捷地获得消费类或经营类的信贷服务。

朝博常用的小额信贷业务已实现"310"模式：贷款人3分

钟在线填写申请；根据其在电子商务平台、第三方支付平台累积的行为数据，蚂蚁通过各种模型为贷款人提前作好预授信，贷款人点下"申请"按钮后1秒钟"贷款就可发放至账户"；整个申请、审批、放款的流程可以做到"0"人工干预。

为了实现这一目标，蚂蚁金服花费数年时间，在云端搭建了一套大数据自动决策系统，单纯依靠线上大数据分析便可实现有效风控。

以针对某个淘宝店主的贷款为例，除店铺交易量、日流水等实时的经营数据之外，蚂蚁金服的系统还会全方位抓取用户的行为数据，对其进行细致刻画。蚂蚁金服主导的网商银行的风控总监盛子夏介绍，淘宝上开店涉及几百种具体行为，如对搜索关键字进行修改，上传的商品图片是用手机拍还是用单反相机拍，店铺里的商品是单品爆款还是更全面考虑顾客需求的商品组合，等等。系统可以据此从更多维、更柔性的角度判断店主是否在用心经营、店铺经营是否有效、未来成长机会如何。这些行为数据会作为现金流等交易数据的补充，影响最终的放贷决策。有效风控是一方面，控制成本是另一方面，二者合璧是普惠金融业务在商业上实现可持续性的基础。

居高不下的成本是传统金融机构的软肋所在。以信贷服务为例，传统金融机构当下针对农村的小额信贷产品多带有政策鼓励的性质，往往作为扶贫项目由国家提供补贴。背后的现实是，用传统方式提供农村小额信贷服务，成本高、风险大，单笔低于5万元的贷款基本赚不到钱。

蚂蚁金服搭建的线上决策系统大大降低了信贷服务成本。传统金融机构的成本大头主要是技术和人员两部分。一方面，蚂蚁金服利用云技术实现了分布式架构，摆脱了对传统IOE（IBM小型机、Oracle数据库、EMC存储）的依赖，技术成本大幅降低。另一方面，由于风控等关键环节均在线上通过数据技术实现，资产管理效率也得到提升。以网商银行为例，其信贷规模从百亿元级扩大到千亿元级，人员数量几乎没有增加，至今仅有400多人。

目前，网商银行给予种养殖户的单笔贷款平均支用额度为4万元，旺农贷最低可贷1 000元，使得金融服务门槛大幅降低，且能较好地控制坏账率水平。

熟人模式实现信用"破冰"

"熟人模式"更大的意义在于它让很多农村用户的信用记录从此不再是空白。

47岁的马玉明是河北省清河县有名的拖拉机手，家里有一台拖拉机、两台吊车,原来还有一台大卡车。他有两个儿子,一个开卡车拉煤,一个开吊车,马玉明自己开拖拉机给人翻地。2015年,大儿子拉煤时出了车祸,所幸人没事,但车报废了,保险赔付一年多都没下来。马玉明在本村的村淘点(农村淘宝服务站)工作人员德超那里听说,不用抵押不用担保就可以贷到款,便在德超帮助下申请了贷款,5天后审批通过,拿到了8万元。手里的钱活了。

49岁的艾煌兮、钟春兰夫妇是湖南省平江县三市镇的一家贫困户,虽已建档,但相应的扶贫政策还没落实下来。艾煌兮平时靠跑跑运输、帮人做饭度日;妻子钟春兰在镇上的熟食厂工作,每月约有3 000多块钱的收入;儿子在外地。2015年,艾煌兮80多岁的老母亲生病,花了2万多元,艾煌兮自己也动了一个脑部手术,花了9万多元,原本给儿子盖房子的钱也没有了。中和农信的信贷员平时经常在村里走访,很快得知了这一情况,了解到这家人诚实守信后,便向其推荐了中和农信和蚂蚁金服合作的信贷产品。夫妇俩成功申请到了3万元贷款,花1.7万买了辆车跑运输。

尽管便捷高效,依托平台的纯线上放款模式能覆盖到的农村用户毕竟有限。相当数量的农民缺乏线上数据沉淀,且没有银行流水,没有资产证明,没有太多有效抵押物,缺乏必要的信用数据,获得金融服务对这个人群来说更为困难。

为此,蚂蚁金服推出了"线上+线下"熟人模式,由村民身边的"熟人"发现需求,进行贷款人资质的初步审核后提交给网商银行,网商银行再通过线上的数据分析系统作出放贷决策。目前,所谓的"熟人"主要包括两类:一是阿里巴巴集团"千县万村"计划覆盖的县域和村点的农村淘宝村级服务网点的负责人,即村淘合伙人;二是合作伙伴中和农信多年积累的农村信贷员队伍。

除了解决眼前的金融需求,"熟人模式"更大的意义在于它让很多农村用户的信用记录从此不再是空白,从而赋予了他们撬动资源改善生活的能力。

"村淘点"结成的大网 蚂蚁金服能在最底层的农村市场打开局面,与阿里巴巴集团推行的电商渠道下沉战略密不可分。2014年10月,阿里巴巴集团启动"千县万村"计划,提出在3~5年内投资100亿元,建立1 000个县级运营中心和10万个村级服务站,将电商网络覆盖到全国三分之一强的县以及六分之一的农村地区。

最基层的村级服务站也称"村淘点",是阿里巴巴布设在农村的物流、信息网络的最小节点。集团在各地招募熟悉情况的当地大学生或年轻人作为"村淘合伙人"运营服务站,其主要任务是推广农村淘宝，推动"洋货下乡"和"土货进城"。依托这张大网，蚂蚁金服的支付、信贷、保险等金融服务有了"到村到户"的基础。

网点开通旺农贷业务的村淘合伙人一般要经过网商银行的基本培训，负责对申请贷款人的资质进行初步判断，进行贷前基本信息的搜集，比如将村民的户口本、身份证、宅基地证明等相关信息上传到系统，给需要贷款的农户的作物、牲畜实地拍照等。得到推荐的贷款人信息会进入蚂蚁金服的数据库进行审核，通过之后贷款经由支付宝发放，放款时间比传统银行短得多，甚至可以实现隔天发放。

"村淘合伙人是重要的信息节点，负责对村民的情况进行收集。他们的日常工作是促进当地电商交易，以及根据线上销售情况在农业生产方面提供指导，对当地村民的资金使用状况、信用状况等非常了解。"蚂蚁金服研究院副院长李振华说。

此外，通过村淘点申请的旺农贷一般都有明确的贷款用途，主要用于扩大经营或购买农资农具。最终的产品往往会再经由村淘合伙人协助，通过阿里巴巴的电商平台销售出去。由于可以对整个信息流进行管理，风险更加可控。

村淘合伙人成功完成信贷业务后，会得到现金激励。激励并非采取固定比例的返点，而是根据贷款额度、坏账率水平等多方面进行综合评估。"我们跟村淘合伙人的关系就像是大家联合开了一家非常小的公司,前期我们会为他们提供信贷支持、提供培训,合作之后我们就共同承担风险,一起进行利润分成,并不完全按照交易量支付返点。"李振华解释。

合作伙伴的"地面部队" 在蚂蚁金服看来,农村金融需要整个生态体系以及社会各界的力量,为此蚂蚁金服积极寻找阿里系外部的合作伙伴。2015年9月起,蚂蚁金服开始与中和农信在风控、资金和技术等方面开展合作。

中和农信的前身为中国扶贫基金会小额信贷项目部,从大约20年前起便开始发展农村小额信贷业务。面对农村用户征信记录极度缺失的情况,中和农信一直以来采用的都是"熟人模式",其信贷员基本是当地人,遍布全国18个省180多个县的1 700多个乡镇,已形成一套成熟的服务、管理机制。其行业经验和深入农村的信贷员体系对蚂蚁金服来说非常宝贵。

"我们双方合作建立在优势互补的基础上。中和农信建立了深入农村地区、具备专业能力的信贷员体系,即'地面部队',在多数农村地区用户缺乏数据沉淀和信用记录的现状下,亟须借助地面部队完成对农户的首次触达,这是提供数据化金融服务的第一步。"蚂蚁金服农村金融事业部表示,"中和农信的地面部队进行贷款用户的信息收集、风险调查、额度审批、贷后管理，蚂蚁金服与其进行资金方面的合作，由双方合作放款，如此可以使贷款用户的数据沉淀在互联网上，形成首条信用记录。"

对中和农信来说，则亟须在运营成本方面取得突破。2014年前，中和农信的放款和收款均采用现金操作：信贷员需在放款日去银行排队取现金，然后挨家挨户放款，有时甚至需要棍棒防身或家人陪同；到了收款日，再挨家挨户上门收款。拿到纸质的贷款申请表后，信贷员还需人工将资料输进系统。与蚂蚁金服合作后，收放款均可通过支付宝操作，其相关数据也可以放到蚂蚁金服的系统上分析。互联网技术的介入使运营成本明显降低。

合作的另一个重要基础是，双方均不以利润最大化为经营目标。"保本、微利、可持续"一直是中和农信内部的经营原则，蚂蚁金服与之类似。"我们在农村提供服务时，不会刻意地将其信用风险和违约风险控制到几乎为零的程度。坏账率控制到一定的水平就可以了。如果控制太紧，必然会降低服务的普及度。现在我们追求的是不赔钱，或者说有微利，也就是具有商业上的可持续性，以求尽可能扩大业务范围。这在某种意义上也是对农村的一种反哺。"李振华表示。

新商业 新势力：
社会巨变下的创业思路

深耕农村产业链

"金融＋电商＋农业生产"是蚂蚁金服农村金融布局的新重点。

2016年5月底，蚂蚁金服宣布与易果生鲜合作，为其提供一款农产品供应链解决方案。陕西省周至县是国内最大的猕猴桃产地之一，北吉果蔬专业合作社是该县一家规模化的猕猴桃合作社。易果生鲜与该合作社签署采购协议，在10月底猕猴桃成熟时，定点向其采购猕猴桃的高端品种"翠香"，并通过天猫超市的生鲜区出售。蚂蚁金服通过旗下网商银行，为合作社提供低息贷款。贷款通过定向支付工具专项用于从"农村淘宝"（及淘宝农资类目）购买易果生鲜指定的农药、农资，并将合作社的采购信息线上传输给易果生鲜。在此过程中，蚂蚁金服保险事业部还联合保险公司为农资、农药的线上销售提供品质保证保险，确保产品质量无虞。

蚂蚁金服在2016年5月首次对外公布了闭环式农产品供应链的解决方案，简单讲就是"金融＋电商＋农业生产"。这是蚂蚁金服农村金融布局的新重点。

对于易果生鲜及原产地农户来说，蚂蚁金服提供的这一解决方案颇具吸引力。基于采购订单的信用贷款，放款效率极高，甚至可在贷款申请提交当日就收到款项;农业生产资料通过线上购买,直接送货上门;品质保证保险则使农户无须为买到假冒伪劣农资担心。引入该解决方案后,从农产品的销路,到农业生产资料的甄别、采买,农户都不需要再操心,唯一要做的就是悉心种植。

该模式的推出意味着蚂蚁金服向深耕农村产业链的目标迈出了第一步。通过对农产品供应全链路的把控,蚂蚁金服一方面可将农村特色种植、养殖业中的风险分散、消解,降低农业生产的不确定性;另一方面,还可推动农业产业升级,推动不同的农村地区形成特色产业链条,满足整个社会消费升级的需求。

陈嘉轶表示:"对蚂蚁金服来说,以生态体系为依托的金融服务是其最大优势。在北吉合作社的案例中,天猫、农村淘宝等角色的参与让整个生态链条高效、完整,让资源得到最大程度的利用,品质得到最大程度的保证。"

由于供应链和产业金融涉及主体多元、服务类型复杂,蚂蚁金服的目标是成为平台,利用长久以来积累的技术、渠道能力等,帮助合作伙伴在整个过程中节省成本、提升效率。"蚂蚁的理念是联合众多合作伙伴,在农村建立起和过去不一样的服务链条和模式。"李振华说,"蚂蚁不可能自己把所有事做完。我们的优势在于拥有很好的用户触达网络与强大的数据能力;传统金融机构有资金等方面的优势;农机农资类公司对当地产业化有很好的理解……目前要考虑的是,如何将大家连成一张网,找到各自在产业链条中的定位并彼此配合。"

从"安吉模式"到"千县万亿"

从数据到信用再到金融服务,打通整个链条对于蚂蚁金服实现农村金融业务的落地,有着重要意义。

在蚂蚁金服农村金融当前的整体布局中,除了上述以信贷拉动的农村金融解决方案外,还推出了以支付拉动的县域金融解决方案。后者包括但不局限于农村地区,从助力区域经济发展的角度提供金融服务,如今仍在试点探索期。

县域金融解决方案依托的是蚂蚁金服在2016年3月28日正式启动的"千县万亿"计划,即在3~5年里在全国1 000个县助推和完善"互联网+"商业、公共服务和创业金融平台,将蚂蚁金服的大数据等相关技术能力和各地基层政府的大数据相结合,撬动万亿社会信贷资源。

该计划的首个试点是浙江省安吉县。该县常住人口46万,支付宝用户数达29万,近10%的用户有访问支付宝城市服务功能的习惯，用户基础良好。

安吉县政府希望将蚂蚁金服的金融资源与自身的行政资源相结合，发掘互联网金融对县域经济的支撑作用。以该计划的首个落地项目"创业贷"为例，蚂蚁金服旗下的网商银行计划投入10亿元专项资金，向安吉当地居民提供电商在线贷款、县域居民创业及大学生返乡创业贷款等一系列金融服务。为鼓励大学生返乡创业，对于某些拿到贷款但最终失败的项目，政府会拿出资金进行一定比例的赔付。

在双方的合作中，蚂蚁金服在安吉县社会信用体系构建中的深度参与令人印象深刻。"我们会在不泄露用户隐私的前提下，拿出县里的社保、公积金、税收、公安执法数据等各种行政信息，交由蚂蚁金服集团分析，结合其芝麻信用、小微贷款的授信模式以及针对县域经济的创新数据模型，搭建起整个县域的社会信用体系。"安吉县行政中心发经委主任赵怀君介绍，"我们设想，将来为每一个有支付宝客户端的用户都提供一个创业的授信额度。"

基础信用数据堪称金融行业的命脉。对于采用大数据风控模式的互联网金融来说，数据更是一切的开端。除了与政府进行数据共享，安吉模式中的蚂蚁金服还致力于从支付这一底层业务入手，打造数据总入口。

双方围绕支付宝的推广使用开展了一系列合作：打造支付宝体验小镇、体验商圈、体验广场；鼓励居民使用支付宝内的车辆违章、一键挪车、生活缴费等城市服务；培训基层乡镇的农家乐经营者使用支付宝；推动线下商户接入支付宝旗下点评预订类产品——口碑……支付宝覆盖率的提高，会带来数据流的日益丰富。在蚂蚁金服的现有技术能力下，数据的唤醒意味着信用的激活，进而为后续的价值创造提供土壤。

从数据到信用再到金融服务，打通整个链条对于蚂蚁金服实现农村金融业务的落地有着重要意义。安吉县是一个值得关注的试验样本。

漫漫长路上的"耐心资本"

农村普惠金融是全球性的难题，不是一朝一夕便可以解决的。

至此，蚂蚁金服的农村金融版图已大致勾勒出来。然而，这一宏大计划真正落地，仍是道阻且长。

拿县域金融解决方案来说，安吉县只是"千县"之一。"即便事实证明安吉模式可以复制，复制范围也可能只是在浙西，都不一定能推广到浙江全省；找好几个点，也许才可以把浙江全省克服掉；浙江与江苏、江西的情况又不一样……这是一个漫长的过程。"蚂蚁金服研究院表示，"基于互联网的产品和服务，在模式探索阶段一般会比较慢，必须不断进行修正和微调，后面会有一个加速上升的过程。而且互联网的产品永远是 beta 版，没有完美，永远在迭代。"

这也同样是蚂蚁金服在整个农村金融市场推进时的状态写照。"现在还没有形成一个可以在农村地区进行大规模推广、短期内可以迅速复制的模式。今天的蚂蚁，包括叫得比较响的竞争对手都是在进行试点和模式验证，没有几年的时间无法称之为成功。"李振华说。

他坦承，对于农村金融服务来说，市场特别巨大，挑战也特别巨大。第一，中国农村地域广阔，各地发展不平衡，没有一种模式可以解决全国的问题；第二，相对于城市来说，基础数据的缺乏对农村金融的信用风险控制带来了很大的挑战，普惠金融的使命决定了蚂蚁永远都要争取覆盖更广泛的用户，数据问题会一直存在；第三，蚂蚁金服一家的力量不足以解决整个农村金融的问题，除了相关机构的沟通合作，还有赖于国家政策对创新的支持，比如是否鼓励采用新技术使农民的账户体系实现互联网化，真正采用成本更低的移动化方式来提供金融服务。

正因如此，蚂蚁金服总裁井贤栋在湖南平江的发布会上提出了"耐心资本"的概念,强调不能急于求成、不能太过关注眼前利益。

"尤努斯在孟加拉国推行小额信贷三四十年,才发出去1 000多亿元人民币,这对全球农村普惠金融的需求量来说是九牛一毛。农村普惠金融是全球性的难题(图1-3),不是一朝一夕便可以解决的。"李振华说。

图1-3 普惠金融是世界难题

2 新达达：浪潮之下*

这家刚满两岁的创业公司想做一件大事——"让天下O2O没有难做的生意"。

29岁的邱忠来福州打工10年了，辗转换了不少工作，上一份差事是外卖送餐员，一个月能挣三四千元，跟当地蓝领的平均月薪基本持平。但过去一年，邱忠转行做了一名"达达"，净赚10万元，这一收入水平甚至超过了一线城市白领的平均薪资。

邱忠这10万元是这么赚的：福州的消费者通过手机里的O2O应用下单，需求量最大的是外卖，频次低一点的有鲜花、蛋

---

* 本文采访者潘鑫磊，《中欧商业评论》资深编辑；姚音，《中欧商业评论》副主编。作者潘鑫磊。原载于《中欧商业评论》2016年第9期。

糕、礼品等等；接到订单的大小商户通过达达商户端App向附近的"达达"发布配送需求，比如邱忠正好在附近，他可以在配送员端App里抢单，然后从商户那儿取走商品，送到距离自己3公里左右的消费者手上；收入由两部分组成，一块是商户支付的配送费，另一块是平台奖励。

邱忠的特点是够拼，他每天工作超过10个小时，平均送40单。大多数"达达"是兼职，每天跑个十来单，一个月也能增收3 000元左右（图2-1）。没有打卡和上下班，什么时候抢单，什么时候就是"达达"。

所以，你可以把达达理解成众包物流领域的滴滴，滴滴车主们共享的是闲置车辆，达达们共享的是闲置的碎片时间。像邱忠这样的达达配送员，目前全国有230万人，分布在300多个城

图2-1 兼职"达达"月收入

市,服务超过50万家商户,日均配送单量过百万单。这意味着,达达配送员的数量已经超过全国快递行业快递人数总和,每天送单行驶的里程相当于绕地球63圈。

连接这230万名众包配送员和50万家商户的,是一家刚刚成立27个月的创业公司——新达达,创始人兼CEO蒯佳祺认为这是全世界第一个"全年365天、每周7天、每天24小时"都在运转的物流平台,它的野心是成为O2O时代的"水、电、煤"。问题来了:O2O时代的"水、电、煤"到底是什么?更重要的是,为什么是新达达?

分久必合

33岁的蒯佳祺一直想干件大事,从美国麻省理工学院物流工程专业硕士毕业后,先去了甲骨文做供应链项目的产品经理,2009年回国,先后加入易传媒和安居客任职副总裁,2014年6月创立达达,在去年连续完成三轮融资,9月D轮融资过后,以超10亿美元估值跻身"独角兽"俱乐部。

蒯佳祺觉得新达达在做一件"格局很大的事"——创业才三四个月,就不断有巨头找来谈收购,蒯佳祺一一婉拒。创业第一年,整个团队"舍命狂奔",数据也着实给力,不管是配送员数量、商户数量还是日配送单量,都呈指数级增长。融资也很顺利,从最早拿红杉几百万美元的 A 轮开始,平均半年不到就又完成新一轮融资,直到去年 9 月拿了 D 轮 3 亿美元融资后,整个 O2O 市场起了变化,分水岭是大众点评和美团在去年 10 月的合并。

"互联网通常是一个赢家通吃的市场。点评和美团合并后,市场格局发生了巨大变化,整合在当时成了趋势。"蒯佳祺判断,2014 年对 O2O 市场而言是群雄并起的春秋时代,非常多的公司融到了钱,但看清楚怎么做的人不多。到去年底,不少 O2O 创业公司因为现金流断裂、商业模式不清晰、线下配套设施不全等等问题"挂"了,大众点评和美团合并就是转折的信号。蒯佳祺和团队迅速调整了策略,从单兵突进转向合纵连横。

这一战略调整无疑是灵活且及时的。但为什么新达达可以做到,而很多 O2O 公司做不到?

第一,新达达做的事,恰恰是很多死掉的 O2O 公司不屑于做或者忽视的事——线下物流和配送。当大多数 O2O 公司卖力地在线上圈用户、拉商户、大打补贴战时,"最后三公里"的线下兑现就变得尤为稀缺和重要。

第二,线下的实现方式也让新达达在市场环境突变时握住了话语权。O2O 电商和 PC 时代传统电商最大的区别在于,O2O 是完全基于移动、基于本地位置、基于快速撮合交易的业态，这意味着物流的两大变化：一、O2O的订单极其离散，它对应着海量的收货点和发货点，同时对配送速度的要求却更高。传统电商的物流路径则相对固定，时效性可宽限至天；二、O2O订单波动性极大，每天都有明显的波峰波谷，这意味着，如果采用自营模式做物流，波谷时段就会面临巨大的人力成本浪费。

新达达不偏不倚地卡住了"线下"和"众包"这两条赛道。今年4月，京东以整个京东到家（集团O2O业务板块）、京东集团的业务资源以及2亿美元现金换取新公司约47.4%的股份，新公司由达达更名为新达达（图2-2）。

不少人把这次合并解读成达达不惜降低估值也要抱上京东的大腿，实则不然。在蒯佳祺看来，互联网行业所有的合并只有两类：一类是以消灭竞争对手为目的的合并；第二类是上下

图2-2 新达达融资历程

游的合并，目的是为了打造协同能力，达达和京东到家的合并属于后者。

达达看重京东强大的订单创造能力，因为一旦没有足够的订单，达达平台上这230万名配送员的活跃度就会大大下降，抢单的配送员少了，就会波及发单的商家，进入一个恶性循环。但合并之后，京东商城的订单会分一部分给达达配送，京东到家O2O所有业务交给达达，此前京东战略投资的永辉超市以及和沃尔玛的股权合作也都能为达达创造订单，这是一个巨大的增量。

京东看重的是达达强大的履单能力。京东到家也曾投入巨资做众包配送，但积累的配送员差了达达一个数量级。从这次合并的条款来看，京东拿出了十足的诚意——刘强东并未要求控股新达达，而是出任了新达达董事，这是他第一次进入外部公司董事会。同时，新达达在众包物流领域的话语权依然由原达达团队把持，蒯佳祺继续担任CEO；原京东到家CEO王志军出任新达达总裁。

决战"6·18"

合并后的新达达马上面临一个重大考验，用蒯佳祺的话说，

"这不是战斗,是非常庞大的战役,而且是一场不能打输的战役"。这就是京东一年一期的"6·18"大促。大促在新达达合并后的两个月即将打响,新达达要立即投入战斗,帮助京东商城"泄洪",这是一个极为艰巨的任务。

在短短一个半月的准备时间中,双方要迅速组建一支"作战小组"完成系统对接、完成京东在全国 300 个城市超过 3 000 个配送站的线下测试……必须百分之百确保落实,任何一点瑕疵都会被急剧放大,蒯佳祺说这是"想想都觉得很恐怖的事情"。这就不得不提新达达的另一位关键人物:CTO 杨骏。

蒯佳祺形容杨骏是"比我更牛的大神"。加入新达达之前,杨骏在硅谷工作了十多年,先后在 Google、Facebook 和 Square 带领技术团队,当时的新达达是他加入过最小的团队,但这个商业模式让杨骏无比兴奋。杨骏给新达达注入的不仅仅是产品和技术层面上的实际经验,更是他从硅谷带回来养及管理技术人才的理念和思路。要知道,今天新达达有 1 000 名员工,其中工程师就超过 300 人,他们是新达达的"大脑"。

关于用人,杨骏的理念是两个字——赋权。但在赋权之前,需要先建立认知。用 7-Eleven 便利店创始人铃木敏文的话说,"每个成员对'项目实现价值'的认知程度是决定成败的关键因素。作为领导者,重要的一环就是制造'认知'的契机。"杨骏要给技术团队制造的"认知"是:"你的核心竞争力不是把代码写完,代码只是你的一个武器,你的价值体现在你能解决问题。"这里的"解决问题"首先指的是保证系统运行的稳定。想象一下,当一个初创公司在短时间内完成订单量从零到百万的指数级跨越时,对后台系统架构稳定性的要求是可想而知的。

杨骏在团队建立"认知"的契机,来自一次别开生面的对赌。去年8月,正值平台单量不断冲高,后台系统承受的压力非常大。杨骏和蒯佳祺一起与工程师们做了一次对赌:他俩一人放了一份钱、公司放一份钱、工程师团队再放一份钱到账户,如果系统稳定性能够达到预设目标,这笔钱就归技术团队,最后结果是工程师们险胜,当时所有人都特别兴奋。"大家会开始觉得公司的稳定跟他们每一次修改代码的质量有关系。"杨骏就此给团队建立了"认知",随后的赋权就明确多了,今年的"6·18"大战对于技术团队来说,正好是两年操练的一次"汇报演出"。

"6·18"战役最后成果:新达达为京东商城的单日配送订单峰值突破了100万单,完成既定目标。平均每单配送时间45分钟,最快一单3分钟完成,妥投率接近100%。蒯佳祺对新达达"6·18"首秀的评价是"做得非常漂亮"。(图2-3)

图 2-3 "6·18"战役成果

一场巨大的社会实验

蒯佳祺在公司内部推行两条价值观：一、新达达是一家接地气的创业公司；二、事情的成功是人成功的副产品。在蒯佳祺看来，只有平台上 200 多万名众包配送员成功了，新达达才能成功。

你或许可以从邱忠身上刻画出一个典型"达达"的模样——年轻男性、收入相对较低、有空闲时间……但回到两年前，刚刚起步的蒯佳祺和团队并不知道谁愿意以及适合做众包配送员，应对办法只能"简单粗暴"——一群人一群人去聊。

"后来发现保安似乎是可能的、保姆似乎是可能的、家里的阿姨似乎也是可能的，真的是一个个细分人群聊出来的。"蒯佳祺发现这批人和滴滴、Uber教育出来的人群完全不重合，他们既不会是车主，也不会是乘客，一切都得从头开始，即使锁定好了人群，说服他们加入一个全新的工作模式还得花不少力气。

"回想前年10月份的时候，我们去摆摊，被城管追；五角场那边一天有10个师傅来问，可能只有两个装'达达'，因为不信任，几乎没有人愿意上传身份证通过审核。我们背着易拉宝出入菜市场、居民区……从最初一天3个'达达'，到现在一天主动注册'达达'1 000个。"

这是早期团队成员回忆"冷启动"时的场景。蒯佳祺更愿意把这些经历看作事业本身的魅力。"还是O2O最有意思，接地气，拳拳见肉，每个城市甚至每片城区的个性特点都不同。只有接地气才能解决问题，真正融在大街小巷里才有意义，任何高大上都会被打回原形。"

更重要的问题是：这些人凭什么留在新达达的平台上？归根到底是因为两点：第一，在这儿能持续挣到钱；第二，游戏规则公平、公正、透明。回头看，实践的过程不外乎一场巨大的社会实验。

先说收入。要确保平台上有足够多的订单高效地在配送员身上流转。在草创时期，蒯佳祺在两个备受争议的问题上作了决断。

第一，to C 还是 to B？即是该由商家还是个人发起配送需求？当时团队有相当一部分人，包括一些投资人都主张从 C 端发起，以淘宝模式切入。蒯佳祺坚持走 B 端，理由是淘宝上的东西今天卖不掉明天可以接着卖，而众包配送的需求这一分钟满足不了，很可能这单就没了。如果两端都是确定性不高的 C，平台早期很难形成必要的规模。

第二，按小时还是按单付费？不少人认为应该按小时给配送员计费，这是来自商户端的反馈。蒯佳祺再一次拍板：得按单来。如果按小时，整个商业模式就变了样，新达达要撮合每一个订单的配送，而不是每一个人的时间，否则就成了一个招聘网站，那样的话没有意义。

早期这两个关键决策界定了平台的边界，也获得了稳定的订单。订单有了，如何让"达达"们配送一单能获得更多收入？杨骏和团队想了两招——合并订单以及动态定价。对应到滴滴和 Uber 的语境下就很好理解：合并订单可以理解成拼车，如果多个临近订单的配送终点相近，配送员可以一次接多单，或者系统直接派单；动态定价的场景则像在早晚高峰时段叫车，用户需要支付一定比例的溢价。高温天、雷雨天或者某个区域的订单严重供不应求时，系统会根据算法对订单进行实时定价。

再说规则。230万名配送员不亚于一个中等城市的人口规模，必须依赖一整套平台规则去管理。

首先是准入规则　得确保在平台上工作的配送员符合一定要求，要获得并评估这些人的身份信息，同时组织线上及线下的培训，达标才能上岗。

其次是交易规则　得保证配送员每一单配送的商品安全，团队的应对策略是如果用户选择线上支付，平台会先在配送员账户里冻结相应的金额，商品送达后再返还；如果用户选择当面付款，平台则要求配送员自己出钱先从商户那儿把东西买下来，送达后再从用户那儿把钱收回来。

最后是奖惩规则　这是提升配送员和平台之间黏性的关键。杨骏和团队给配送员设计了一套基于信用分的评价体系，即当一名配送员在送单速度、活跃时长和服务质量等多个细项指标上表现突出时，信用分会越来越高，获得的奖励包括每单额外的收入，一次可以合并更多订单，以及优先拿到高价订单等等；反之，如果信用分低，展示给他的订单就会越来越少。

虽然这些配送员并不受雇于新达达，属于"弱绑定"，但杨骏认为，通过一整套规则让配送员的经济利益和自身行为挂钩，所有表现都能通过数据的形式被记录、追踪和沉淀，反倒形成了"强绑定"。

蒯佳祺也发现，当平台规则不断按照人性的特点去优化和迭代时，平台本身也变得有人情味了。"我在街上看到几个达达配送员，开着在达达商城买的电动车擦肩而过的时候，他们很可能会互相打个招呼，停下来了可能还会一起抽根烟，虽然完全不认识，但会有一种群体认同感。"

每天达达商城能卖出数以千计的保温箱、印有"达达"Logo的衣服和帽子，这些配件都是"达达"们自发购买的，你可以把它看作是忠诚度的体现。"达达"们深知当他们着装统一地去工作时，会增强商户和用户的信任，获得更好的评价，提升信用分；而当街上出现越来越多统一着装的"达达"时，平台的形象又会进一步被强化。

一切才刚刚开始

蒯佳祺认为新达达在众包物流领域已经完成了从 0 到 1 的跃迁：从今年 1 月出现第一个盈利城市开始，如今实现盈利的城市已经超过 200 个；配送半径开始从"最后三公里"拓展到同城物流。同城的市场有多大？全国快递行业增速最快的就是同城快递，每天快递单量达到1 500万单，而且近5年的复合增长率超过50%，这意味着到2020年，日均同城快递单量将突破1亿单，新达达的订单量大概率能再上一个量级；账上现金充沛，团队会考虑投资那些同类业务但规模较小的创业公司，继续夯实第一的市场地位……

但新达达还有一件大事需要从零起步——原京东到家团队尚未啃下来的、以商超生鲜为主的O2O到家业务。生鲜是一个超过2万亿人民币的零售市场，也是迄今为止电商最难攻克的山头，产品非标、供应链极其复杂、匹配的物流配送也只能靠众包。新达达的挑战是：自己能否成为第一个拿下生鲜O2O的公司？如果是，必须越快越好。

蒯佳祺说，互联网就是一波一波的浪潮，一个伟大的公司往往可以抓到多波浪潮。在平台订单峰值突破200万单后，蒯佳祺在朋友圈写了这么一段话："新达达才刚刚开始，整个行业才刚刚开始。两年后咱们再回头看的时候，就像现在看两年前：一切才刚刚开始。"

3　汇通达下乡记*

"武装"夫妻店,"收编"代理商,汇通达通过为既有流通网络的关键节点做加法,走出了一条另类的农村电商路。

农村,一个巨大而原始的市场,看似充满机会,实则难以"驯化"。关于这一点,农村电商的拓荒者感受深刻。

2014年,阿里、京东、苏宁等电商平台眼看城市流量红利几乎消耗殆尽,纷纷进行渠道下沉,不仅争相下乡"刷墙",还在县、乡镇乃至村一级设立站点,各自试图搭建起一张新的流通服务网络,打入农村市场。两年过去,市场教育、工具普及等方面成效明显,但如城市一般势如破竹的景象并未重现,消

---

* 本文采访者罗真、潘鑫磊、姚音,作者罗真。原载于《中欧商业评论》2017年第1期。

费习惯、网络素养、物流成本等仍是横亘在农村电商前的巨大障碍，一些服务站点因水土不服而被裁撤的消息也时有报出。

几乎与此同时，一家并非电商出身的企业也瞄上了乡镇市场。与巨头们不同，它没有意愿也缺乏根基去新建一张以自己为核心的电商网络。在这家企业看来，扎根农村的夫妻老婆店是激活这一市场的关键，只要将这些老旧失修的"水龙头"进行翻新升级，天然适应农村市场且拥有强大自驱力的它们，就能成为最高效的流通节点。

经过数年摸索，这家名叫汇通达的公司以大家电为切入口，以乡镇夫妻店为支点，以县市级代理商为杠杆，撬动了全国1/4的乡镇电商市场。

截至2016年11月，汇通达已将56 000家夫妻店发展为"会员店"，将500多家县市级经销商发展为控股子公司，覆盖了15个省的12 000个镇（占15省乡镇总数的65%），销售额达160亿元，已完成13亿元融资。

一路三"变"

"企业的整个性质变了，变成了以服务为核心。"

汇通达并不是一开始就奔着农村电商去的，而是在无数次或主动或被动的转型试错中，一步步接近了这个机会。

从线下到线上 汇通达的创办者并非无名之辈。董事长汪建国、总裁徐秀贤均为知名家电连锁五星电器的创始元老。2009年，将五星电器卖给全球最大家电连锁百思买（BestBuy）后，汪建国等一众"老五星"开始二次创业，相继在五星控股集团旗下创办了孩子王、好享家、汇通达等品牌。其中，汇通达是唯一一家定位在"老本行"——家电业的企业。

汇通达于2010年底注册成立，跟百思买签订的同业竞争禁止协议到期后，2012年正式组建团队运营。

"当时的想法，就是把这个我们熟悉的老行业继续做下去。"徐秀贤说。究竟怎么做，初期思路并不清楚，只是朦朦胧胧画了几道"红线"。比如：不做竞争激烈的城市市场，做农村；不做连锁，县级市场已被做掉，乡镇市场又很难养活；不做传统渠道分销，价值不大……

讨论过后，团队敲定做家电产品的供应链平台，连接品牌厂商与最末端的县乡市场。依托平台模式，汇通达将此前的多级代理环节缩减为"工厂—平台—乡镇"三级，加上多品牌并行流通，效率较厂家原有流通体系显著提高。

第一年，汇通达做了近20亿元的规模，但徐秀贤感觉"很有问题"。三级供应链条几乎无继续缩短的可能，效率难再提升；

物流、人员等均为刚性成本，尤其是家电业原本就竞争充分，利润空间不大；要提供附加价值，核心无非金融和数据两项，上游厂家的金融需求不强，自己掌握的分销数据对厂家来说也价值有限。

考虑到传统方式不可能实现突破，汇通达尝试做了第一次转型：2013年，交易从线下转到线上。由于B2B业务本身的复杂性，业务洽谈等许多环节仍在线下完成，但交易搬到线上，沟通变得快捷，更重要的是各类数据得到了更好的沉淀。

"把互联网引进来，实现线上交易，才能做数据的积累……今后做供应链金融也好，反向做C2B、C2F也好，才可能对供应商有价值。"徐秀贤当初的想法很简单，知道这一模式就是被热炒的"B2B的O2O"已是后来的事。

从上游到下游 更大的转变发生在2014年。汇通达此前的定位一直是为上游厂商服务，引入互联网也并未改变这一点。但徐秀贤没多久就被迫发现，这个大前提也需要调整。

首先，上游品牌厂商本身非常集中，提供服务和价值提升的空间有限。更大的问题是随着汇通达越做越大，渐渐与厂商原有的渠道销售团队形成了替代关系，因而有了利益冲突，尽管最高层希望借汇通达提效，但无奈来自内部的阻力太大。

期待大企业短期内革自己的命并不现实，汇通达干脆掉转头,转而为供应链另一端的乡镇夫妻店服务。这一转,也为后面的布局打下了基础。

与上游厂商相比,在供应链中处于弱势地位的夫妻店们显然有更强烈的服务需求。"从来没有哪一个组织是专门为它们服务的,大家只不过利用它们去卖货而已,把它们当下水道。这群人就是草根,自生自长,但是恰恰又非常重要。"在徐秀贤看来,夫妻老婆店是连接城乡的分配器。商品进入农村,它们是一个个水龙头;农产品进入城市,它们就是集散中心。

吸引汇通达的关键一点是,这些土生土长的夫妻店天然适应当地市场。农民消费信赖熟人,老板一句话比什么产品介绍都管用,夫妻店90%左右的生意都是来自熟人。再如,农民消费喜欢即买即用、讨价还价,先拿货后付款很常见,对售后服务缺乏等待的耐心……夫妻店灵活的经营形式能满足其需求。最重要的是,夫妻店的经营成本相当低,无论是人员工资、房屋租金、门店税收,还是送货上门所用的五花八门的交通工具,都形成了其顽强的竞争力。

然而另一方面,它们的软肋也跟优势同样明显。

典型的问题是,这些夫妻老婆店体量一般都不大,面积多在一二百平方米,商品种类有限,不能很好地满足消费者的需求,同时也因量小无法拿到优惠的商品进价,供货渠道不稳,管理也较为初级。

汇通达首先想到的是,为这些夫妻店提供更丰富更优价的商品供应。

为此,汇通达首创了连而不锁的"会员店"模式,即:为成为会员的夫妻店开发管理进销存等业务的后台系统,将所有会员店的后台连接起来,整合其需求信息,统一向上游厂商采购商品;前端仍充分保持其灵活性,不要求统一门头、标志、价格。为了提升其加入意愿,会员制的核心理念是"只做加法不做减法""只服务不管理"。

商品方面,汇通达以大家电、农用车等"三高"类产品为切入口。所谓"三高"指:物流要求高,普通快递送不到;售后要求高,需要安装维修等服务;体验要求高,看到实物才会决定购买。一来,汇通达本就熟悉大家电市场,二来此类商品需要的服务较重,利于增加会员店黏性,同时也与阿里等更擅长做快消品的电商建立了区隔。汇通达的首批会员店多是家电经销商。

2014年,汇通达发展了5 000多家试点性质的会员店。虽然已有了后来模式的雏形,但这个阶段的汇通达仍是供应链思维,以多卖货为根本目的。

从卖货到服务　最根本的变化发生在2015年。

2014年前后,各路电商掀起下乡大潮。如果说之前店主们只是听说过,或与电商有过零星接触,仍属于"钝刀子割肉",并无太大感觉,此次冲击则带来了切肤之痛。加上2013、2014年"冬天不冷,夏天不热",市场形势本就较差,"家电下乡"政策也已终止,夫妻店的日子一下变得不好过。

"多种因素交织在一起,他们有了危机感。最大的危机感是什么?就是生意不好做,卖货难。"徐秀贤说。

与解决"买难"相比,解决"卖难"是一个系统工程。团队通过调研走访,发掘出会员店最核心的痛点和最需要的服务,于2015年推出了第一个版本的"5+"服务,业务重心真正转向用先进工具和理念武装夫妻店,综合提升其销售能力。

"这个转变力度很大,不再以供应链为核心,企业的整个性质变了,变成了以服务为核心。"

打通乡镇市场经脉、积累农村消费数据,关乎城乡流通链条的根本,得到了同在遭受"卖难"之苦的上游品牌商、中游代理商等各方的支持,不仅一步步成就了后来被称为"农村电商独角兽"的汇通达,也为其未来的业务拓展带来了更大的想象空间。

目前,汇通达平台上的商品已经从大家电逐渐拓展到农资、农具、建材、酒水等品类。还有越来越多的人看上了这些整合起来的终端网点的潜在价值。比如,汇通达正在安徽试点"微物流"项目,利用会员店在最后一公里配送方面的灵活性和低成本,借助调度系统实现高效众包配送,吸引了物流公司等合作方,甚至已有资本找上门来。

2015年6月到2016年6月,汇通达在一年内完成三轮融资,总融资额达到13亿元。至此,徐秀贤感觉汇通达终于摸对了方向。

"武装"会员店

"将会员店打造成农村社区的智慧服务平台,这才是我们的目标。"

较真的话,汇通达模式并非一个简单的"农村电商"可以概括,其根本目的是通过各种手段为夫妻店(图3-1)赋能,增加

经营面积:200平方米左右
销售规模:年销售300多万元
经营时间:5~6年
员工规模:5~6人,以夫妻二人+临时工为主
店主年龄:45岁
店主学历:初中为主,少数高中
服务种类:送货、安装、维修三合一
服务范围:半径15公里,覆盖15个村,4 000~5 000个家庭,15 000~20 000人

图3-1 中国乡镇夫妻店画像

这些终端"水龙头"的出水量,至于成交形式是"全自动""半自动"还是"手动",汇通达并不强求。目前,汇通达的一家会员店平均能服务一两千名终端消费者,这是农村的纯电商平台难以实现的。

具体到汇通达赖以壮大的核心手段——会员店"5+"服务,也超过了做电商的范畴。

+工具 这个"+",简单说就是帮助夫妻店"拥抱互联网"。汇通达在原来后台管理工具"超级老板"的基础上,又为会员店开发了面向C端消费者的工具"汇掌柜",重点门店可在微信端或App端开设自己的网店,村民只要手机扫一扫就能关注店铺并购买。上线能提高交易效率是一方面,关键是顾客信息能得到更好的留存,为后期的互动营销、精细运营提供了条件。

与工具开发相比,让学历不高的店主们接受并学会使用这些工具要困难百倍,"手把手教"毫不夸张。根据汇通达的调研,农村地区兼具网购意识和网购能力的人仅在5%左右,发达农村这个数字也仅为8%。开始,汇通达对难度的估计也不充分,只开发了App版本,结果发现过高的学习成本、不稳定的网络条件构成了巨大障碍,增加微信端后情况才得到改善。

+顾客 跟城市商户面对海量顾客不同,乡镇店面对的是镇上相对固定的客群，更像一个池塘。要增加销售，必须放弃坐等人上门的方式，主动与顾客建立连接，设法将之激活。

比如，会员店开通网店后，顾客扫码关注就会成为"粉丝"，店主可以利用汇通达提供的工具，对粉丝信息进行整理分类，通过短信及微信群发、手机端推送等形式针对性地发送营销信息。之前留存的老顾客信息，也可以借用工具重新盘活。

南京市大桥北附近一家会员店，从2007年起即是格力经销商，积累了20 000多名顾客的信息。加入汇通达后，他们利用超级老板整理出产品即将超过保修期的顾客名单，通过后台工具向其推荐延保服务，利用第一年延保免费吸引顾客上门办理，再向其推荐130元/年的第二年延保服务，转化效果相当可观。

更具特色的是，汇通达还在会员店下面设计了一层虚拟组织——代理人。代理人由会员店自行发展，一般是妇女主任等村里消息灵通的热心人。他们一方面宣传转发店铺信息，或在村民有购买需求时直接推荐其到店消费；一方面也留意村内动向，发现谁家要娶媳妇了，谁家盖新房了，就会反馈给会员店，再由老板针对性营销。成交后，会员店老板会通过提成或礼品的形式回馈代理人。做得好的老板能发展二三十个代理人，代理人甚至能为一场活动带来几十万元的成交。

+活动 通过工具将顾客转化为粉丝只是第一步，要真正培养其对移动端工具的兴趣和使用能力，必须进行各种形式的"演练"。比如，教老板们在粉丝微信群里发红包提高微信使用率，鼓励粉丝们在线上领取礼品券抵货款，或者在网店里放上一块钱或几块钱的劲爆商品来吸引用户抢购。

"小刘家电"是江苏淮安平桥一家经营格力电器的会员店，平日开车"扫街"获取粉丝，抽奖、集赞领赠品等营销花样玩得极溜。2016年"双11"活动期间，"小刘家电"销售额达到40多万元，获得了格力公司颁发的"优秀营销奖"。

+商品 前三步做好的会员店，销售能力都会有明显提升，对商品的需求也随之增加。汇通达进而为会员店提供线上的虚拟仓库，只要汇通达线上商城里有的商品，会员店就可以在线下单，从之前的"有啥卖啥"变成"要啥有啥"。

+金融 生意规模扩大也会带来资金周转压力的增大，汇通达顺理成章发展出了金融服务。由于会员店的后台数据直接与汇通达总部相通，判断风险并不困难。此外，理财、消费金融等服务也都在陆续开通。

所有会员店都享受基础的"5+"服务。随着会员店数量的增长，汇通达开始对会员店分类分级，选择性地进行扶持。

比如，当一个镇上的会员店达到三五家甚至更多之后，汇通达会推出"门店管理门店"模式，设置一家中心店。中心店可以组织镇上经营不同品类商品的会员店"结盟"，各店粉丝共享，店内商品共通，促销活动相互打通，比如买家电赠送的优惠券可以在旁边建材店使用，形成一个当地的购物圈。目前，家电品类之外的"异业"会员店已成为汇通达的拓展重点。

2016年，汇通达又重点提出VIP店的概念。VIP店支付年费，享受全套打包服务，是会员店的最高形式。汇通达专门为其布置大屏智能终端，对其开展点对点全面培训，还赋予其一些"特权"。比如：总部会向VIP店专供特价机、劲爆机等一些热销商品；金融便民、劳务进城、最后一公里物流等正在拓展的服务产品也只有VIP店才有权开通；此外，VIP店也像中心店一样享受一条街的"联盟管理权"。

2016年，汇通达的试点VIP店有六七百家，未来计划做到1万家左右。在徐秀贤的设想中，未来VIP店在一个镇上可以扮演"供销社+信用社+邮电局+服务站"的角色。"将会员店打造成农村社区的智慧服务平台，这才是我们的目标。"

目前，汇通达会员店为56 000多家（图3-2），但徐秀贤并不想将这一数字无限扩大，他计划在2019年做到20万家会员店，覆盖20个省2万个镇，接下来的重点是对存量市场进行深耕，进一步发展增值服务，提高付费门店的转化率。

图 3-2 汇通达覆盖省份分布图

"收编"代理商

将成百上千家平台公司聚集到一起做一件事情很难,但正因为难,才能构成真正意义上的壁垒。

依托"5+"服务的会员店模式是汇通达的立身之本,但细究起来门槛不高。如果只是按照最初的路径发展,汇通达顶多算是占了先机,护城河并不牢靠。一方面,极高的人力成本需求会拖慢其拓展的脚步,这在争抢地盘的混战期很可能导致市场机遇的错失;另一方面,汇通达与早期普通会员店仍属于松散的服务关系,对抗竞争风险的能力较为有限。

整个模式之所以经得起推敲，还在于汇通达很快拉来了另外一支关键的力量。它们的加入不仅使这张大网开始以更快速度扩张，也使会员店与汇通达的黏性大大增强。

这就是多年来一直在跟乡镇夫妻店打交道的县市级代理商。

倒逼出来的妙棋 刘亚军是常州欣满意电器销售有限公司的总经理，做格力代理商已有一二十年之久，公司有30人左右。2015年下半年，他的公司多了一个身份——汇通达控股的子公司。

加入汇通达后，刘亚军仍是公司总经理，全权负责公司运营，但同时接受总部的监督和考核，库存、周转、利润、销量、增长状况等都有指标，每月必须参加例会，还要跟区域内的其他子公司一起排名，甚至面临末位淘汰的风险。

像欣满意这样的子公司，汇通达已经发展了500多家，内部称为平台公司，每家平台公司平均对接100多家会员店。

平台公司就是一个区域的平台服务商，它们原本就与乡镇夫妻店有着紧密的商品供应关系，加入汇通达之后又承担起了为其提供增值服务的职能。目前，平台公司是汇通达整个链条中十分关键的一环，商品采购、供应链金融等重要的业务、职能都由平台公司承担。为此，汇通达在选择平台公司时也十分小心，不仅会通过上下游合作伙伴对其业内口碑进行全面的调查，还会重点选择经营实力较强的一二线品牌的代理商。

这一设计是会员店模式倒逼的结果。"会员店在镇一级,数量又这么多,一定要有人去服务它们,而且要跟它们贴得很近,靠总部怎么服务得过来?"徐秀贤说。更重要的是,这支服务团队必须熟悉当地市场,熟悉夫妻店老板的行事方式,还要懂得怎么做生意,否则无法赢得小老板们的信任。

靠汇通达一己之力去建立这样一支团队,不仅速度慢,成本也高。将一直都在跑乡镇市场的县市级代理商纳入整个体系,利用其原有的关系和能力拓展会员店,便成了十分巧妙的一步棋。

"巨轮"的庇护 那么,代理商们自己干得好好的,为什么要加入汇通达呢?

"像我们这样功能单一的企业,其实抗风险能力非常弱。就像一个人在大海里游泳,很可怕。但如果旁边有一个大船,就不怕了,手一举就把我捞上来了嘛!安全是第一位的。"刘亚军的实力不算差,公司年销售额在3亿元以上,是常州当地电器圈颇有影响力的人物,但近两年仍然明显感受到了压力。

"现在他们是整个价值链里最弱势的一个环节,两头受气,下头求顾客,上头求工厂。如今他们想要转型,正是最困难的时候……要做客户服务,也没有手段、没有方法、没有资源。"徐秀贤说。平台公司从单纯代理商转向综合服务商,既是汇通达自身拓展的需求,同时也符合平台公司巩固自身地位、对冲未来风险的需要。

道理清楚,但转变并不容易。"以前我是老板,可以'肆意妄为',现在一下子把我手脚捆住,我变成给你打工了。"刘亚军承认自己也曾犹豫观望。

为了尽可能减少代理商的顾虑,与开发会员店类似,汇通达仍然坚持"只做加法,不做减法"的合作原则。

汇通达开发了针对平台公司的新"5+"服务,从商品、工具、信息、管理、金融等方面提升其能力,核心目的是帮其实现三个转变:从单一靠赚取商品差价盈利,到依靠培训、金融等服务实现多点盈利;从简单做商品经营,到客户经营;从单打独斗到与其他代理商实现资源、信息等的共享(图3-3)。

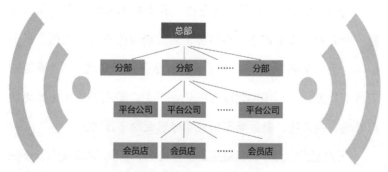

图3-3 汇通达模式简图

即便如此,磨合期仍难以避免。指标压力、合规要求等对自由惯了的代理商来说,都是巨大的挑战。为此,汇通达"软硬兼施",通过目标考核、定期例会等管理手段推动其进入规范的运行轨道，同时也通过新平台培训、主题分享、内部商学院、文化年会等各种活动增强其对公司文化理念的认同。

"我们现在是500多家平台公司，2017年可能是800多家，2018年可能就是1 000多家。把1 000多个不同思想、不同背景、不同年龄、不同地域、不同文化的人聚集到一起来做一样事情，确实是很难。"分管平台公司发展运营的副总裁邢健虹说。但他同时指出，正因为难，才能构成真正意义上的壁垒。

"区客店代"合一　加入平台公司一环后，汇通达的服务能力迅速增强。目前有一支2 000多人的地推军团，泡在15个省的乡镇夫妻店。按徐秀贤的说法，农村"O2O"里的"2"不是别的，就是人。

队伍扩张迅速，为了更有效地进行管理，汇通达发展出了"区客店代"合一体系。"区"是指汇通达分部的区域运营经理。分部是汇通达总部的区域性派出机构，基本以省为单位，个别网点密集的省如江苏又分成了苏南、苏北两个分部。分部主要负责区域的标准制定、培训管理等，平台公司负责具体执行。

"客"是指负责发展运营乡镇会员店的客户经理，隶属于平台公司，是整个地推队伍的主体，每个人"包干"几十家会员店，负责面对面谈、手把手教。

"店"和"代"则分别指会员店和代理人。

区域经理培训、管理客户经理；客户经理直接对接会员店，负责新店拓展、老店服务，同时承担平台公司原有的采购供应业务；会员店下面发展代理人。

基于这套环环相扣的管理体系，汇通达逐渐形成了一个类似蜂巢的生态系统。每个平台公司与其下属的会员店及其粉丝，都构成了一个小小的生态圈；每个区域内各家平台公司形成的小生态圈合在一起，又形成了一个更大的生态圈；各区域的生态圈加在一起，就成了汇通达。

※ ※ ※ ※ ※

点评

如果用一个词来概括汇通达模式的最大特点，也许可以是"加法"。无论是会员店还是平台公司，汇通达都没有从根本上动摇其原有的运作机制和利益格局。这一点让它在当下这场不无革命气质的下乡潮中显得友好而另类，也成为它能迅速覆盖全国1/4乡镇市场的主要原因。

但在大局远未定型的乱战时代，汇通达并不百分百安全。

真正找准并满足会员店的需求是汇通达存在的基础，而草根老板们自身提出的需求往往十分模糊，甚至带有误导性。目前，汇通达利润的很大一部分来源仍是商品差价与供应链金融，在会员店规模增长的红利结束之后，真正实现基于增值服务的多点盈利，需要汇通达拥有极强的洞察能力，对汇通达经验边界和认知边界的拓展潜力是相当大的考验。

另外，引入平台公司之后的汇通达更像是一个巨大的联盟，并没有一个传统意义上的"实体"存在，如何真正将大小型号不一的小舢板牢牢捆绑在一起而不致在风浪中解体，并不是一个简单的课题。

最后，农村是一个节奏相当缓慢的市场，即便面临变革也不例外，也正是这一点给了夫妻店们继续生长的空间，但这并不意味着这个市场不存在未来会被颠覆性的技术或模式彻底改变的可能。毕竟，一切看似坚固的东西都可能烟消云散。

唯一可以肯定的是，一直在变的汇通达还会继续变下去。

资料

四大平台的农村电商布局

阿里巴巴

2014年10月提出"千县万村"计划，计划在未来3~5年，投资 100 亿元，建立一个覆盖 1 000 个县（县级服务中心）、10 万个行政村（村级服务站）的农村电子商务服务体系。

京东

2014 年起，着手构建一张由自营县级服务中心、京东帮服务店、乡村合作点及当地招募的乡村推广员构成的电商网络，计划未来实现"一县一中心"（服务中心）和"一县一店"（京东帮店）。

苏宁

2014 年起，升级三四级市场的代购点、售后服务网点，推出承担综合功能的苏宁易购直营服务站，计划 2020 年建成 10 000 家以上。此外也在加快授权服务站、代理点和乡村联络员的建设。

汇通达

2014 年推出会员店模式，利用"5+"服务升级原有乡镇夫妻店，计划 2019 年建成 20 万家会员店，覆盖 20 个省，20 000 个镇。

（根据媒体公开资料整理）

4　孩子王的"单客经济学"*

从经营商品到经营顾客,对单客增长的追求使孩子王构建了一种颇具革命性的零售服务模式。

"家门口的生意永远都是好生意。"徐伟宏又一次提到这句话,"因为它效率最高。"

徐伟宏是孩子王的CEO,他与董事长、前五星电器创始人汪建国在2009年4月创立的孩子王如今已是国内知名的母婴连锁品牌。2016年12月9日,孩子王挂牌新三板,市值超过140亿元,人称"中国母婴零售行业第一股"。

徐伟宏对"家门口生意"的强调并不令人意外。诞生于淘宝

---

* 本文采访者罗真、姚音。作者罗真。原载于《中欧商业评论》2017年第4期。

"双11"元年的孩子王仅仅尝试了四五个月的线上生意便改弦更张,明确将线下门店作为立身之本。2009年12月,孩子王第一家门店——面积8 000平方米的南京建邺万达店开张。截至2017年2月底,孩子王在全国共开有174家线下门店,覆盖16个省近90个城市,门店平均面积达5 000平方米,个别店面甚至超过1万平方米。

这让孩子王在国内母婴行业的诸多玩家中显得颇为另类。前有乐友、爱婴岛等主打中小型社区店、路边店的传统母婴连锁,后有蜜芽、贝贝网等依托资本迅猛发展的纯线上母婴电商,在线下开大店的眼下唯有孩子王一家。

质疑声很多,集中在一点:母婴类商品偏低的客单价与偏低的客流量如何支撑得起线下大店模式?从目前的数据来看,模式成立似乎已不是问题:2014年数据显示,孩子王已开门店的单店营收同比年度增长率连续数年高达50%左右,年均复合增长率在100%以上;根据徐伟宏的估计,2017年孩子王的营收规模会达到线下母婴行业前三名营收总和的2倍;表现最好的南京建邺孩子王门店一年营收达3亿元,同一物业里的沃尔玛面积是其3倍,营收只是其1/3;目前除上海等个别城市外,孩子王每入驻一个城市,都会在两三个月内做到当地线下母婴市场单店销售额第一名。

要走通一条看上去似乎难以走通的路,背后必然是商业理念的巨大变革和经营模式的反复推敲。

与购物中心共生

店面的选址与布局成为孩子王完成人群筛选、构建独特模式的第一步。

孩子王是五星控股集团孵化出的第一家企业。2009年,将五星电器卖给百思买(BestBuy)后,手握数亿美元资金的汪建国带领几位"老五星"开始二次创业,成立五星控股。他们请人扫描当时的行业机会,母婴童市场是被圈出来的大方向之一。

"做孩子王,倒不是因为女人孩子的钱好挣,我们当时主要是想做25~45岁这个年龄段的人的生意。"徐伟宏2001年加入五星电器,他回忆当年做家电时便已经看到"这是最有消费欲望的一群人",因为当时几乎所有的分期付款用户都落在这个年龄段,属于借钱都要买买买的群体。

消费欲望是一方面,稳定的支付能力同样重要,新家庭人群进入他们的视野。所谓"新家庭",指的是已经或即将有宝宝出生的家庭。冲动之下的"裸婚"并不罕见，但决定生养孩子，一般来说标志着这个家庭已经做好了一定的物质准备。选择母婴童市场作为突破口的商业意义正在于此。

机会切实存在，却称不上独特，母婴行业的所有玩家看中的都是这个诱人的市场，作为后来者必须找到属于自己的切入点。店面的选址与布局成为孩子王完成人群筛选、构建独特模式的第一步。

传统母婴连锁多在社区内、医院旁或者商业街区开设一两百平方米的小店，而孩子王的所有店面都开设在万达、银泰、万象城等10万平方米以上的大型购物中心，数千到上万平方米的店面相当醒目。店内大致可分为三个区域：三分之一为商品陈列区，包括快消品、用品、玩具和纺织四大品类；三分之一为游乐场、早教、培训等虚拟产品服务区；三分之一为通道等共享空间。如此规模的综合类母婴连锁业态，此前在国内没有先例。

这是属于孩子王的机遇。孩子王成立的2009年是以万达第三代城市综合体为代表的大型购物中心启动全国布局的一年，这种集购物、餐饮、文化娱乐等各种功能为一体的综合性消费场所，很快被视为最有前景的商业业态。

跟随大型购物中心开设门店，对孩子王来说最直接的好处是自动完成了客群定位。首先，出现在大型购物中心的人很少单独行动，而在两人以上的多人出行群体中，几乎一半以上都是新家庭人群，考虑到社交已成为该场景中消费者的基本需求，提供单一功能满足的线下业态将日益被边缘化，孩子王集商品与服务于一体的大店形态生逢其时；其次，大型购物中心中很少出现低支付能力的人，"路边一碗面条15块钱，万达里想吃个味千拉面，最便宜的也要三四十块钱"，其配套的设施和内容天然与中高收入群体相匹配。

由此，孩子王的靶标再度缩小，直至瞄准了其心目中最为理想的人群：新兴中产阶层新家庭。

"在中国下一个商业（发展）周期里面，大型购物中心（shopping mall）绝对是唯一主流的场景。"徐伟宏判断。在资本的配合下，模式清晰后的孩子王开店速度在近两年逐步加快（图4-1），2017年孩子王仍将以平均每周开1家新店的步伐在全国布局，常住人口超过50万的城市都是其进攻目标。

对商业地产的开发商们来说，孩子王也是理想的合作伙伴。孩子王的资料显示，在目前入驻的万达店中，面积占购物中心1/35~1/40的孩子王都可以贡献约14%的客流量。

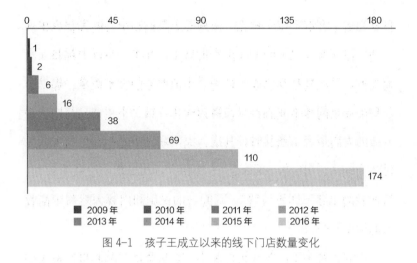

图 4-1 孩子王成立以来的线下门店数量变化

增长模式之变

孩子王在每一个会员身后放置了两个角色，一个是工程师，一个是育儿师。

如果仍以传统渠道商的思路来做母婴连锁，无论大店小店，都很难称得上是一门好生意。汪建国 2009 年拜访过南京所有的百货公司，从总经理到柜台组长，没有一个人说线下母婴零售可以做。孩子王团队做完初期调研，甚至得出了"这个品类不成立"的结论。

简单说，母婴类商品的特性导致传统母婴连锁的效率普遍较低。"零售的要素很简单，就是三个东西：单价、流量和成本。"徐伟宏分析，大型超市和家电连锁可以视为两个典型，前者是低客单价、高流量，后者是高客单价、低流量，而母婴连锁则是高单价、高流量两头都不占。普通母婴类商店的客单价仅为200元左右，客户群在物理上又极为分散。以南京市为例，这个人口为700万的城市每年出生的新生儿只有7万人左右，很难将其在线下有效聚合起来。

这意味着孩子王如果坚持做母婴连锁，必须彻底摒弃传统渠道商的做法。孩子王的选择是：从经营商品转向经营顾客。

会员模式成为破局关键。在几乎没有做过广告的情况下，孩子王已经发展了1 000多万名会员，大量商品和服务只针对会员提供。目前，会员为孩子王贡献了98%以上的生意。

看似简单的数字背后是增长模式的根本转变：放弃简单的规模增长，转向对单客增长的追求。

根据AC尼尔森的统计，中国城市出生的0~3岁婴幼儿每年的商品消费额在1万元左右。孩子王核心会员2012年的人均消费额在1 400~1 500元，占到该额度的14%~15%，2016年比例进一步提升到45%左右，意味着这部分会员每年为宝宝花的钱接近一半都给了孩子王。

在徐伟宏看来，这是大势所趋。他认为，希望把一件商品或服务卖给越来越多的人是典型的流量思维，而如今流量日益昂贵稀缺，数字工具等也为消费者提供了反向引导流量的可能，单纯的流量生意几乎已经没有机会。作为后来者的孩子王必须反其道而行之，即围绕一个特定人群深挖，精准定位其需求，通过叠加商品和服务进行全方位满足。

"在这个行业的线下市场，我们现在绝对是第一名，但这不是我们的目标，我们要的是 ARPU（每用户平均收入，Average Revenue Per User）值每年都要提高。"

用户数字化　实现单客增长，首要的前提是用户的数字化，否则只会是无的放矢。

早期没有先进的分析工具，会员制成为孩子王挖掘用户数据的基础。一些门店店长很早就有意识地从 ERP 等后台系统中人工提取会员消费数据进行归类整理，针对性地制定促销方案。如今的孩子王已有一支 500 多人的技术团队，占总部员工的一半以上，数据运用能力极大提升，这对业务形态产生了决定性的影响。

"我们的商品跟用户形成了某种定制的关系，这种定制正是基于数据来的。"徐伟宏说。孩子王并非围绕每一个用户去定制产品，而是基于数据定位需求形成规模的某一用户群体，进而向供应商反向定制解决方案。

比如，孩子王可以根据1 000万会员里宝宝在0～3岁的人的消费数据，算出接下来某个时间段内大号尿不湿的需求量大概有多少。基于这一信息，孩子王会向花王、好奇等尿不湿供应商征集最佳解决方案。由于同款商品在包装量以及优惠度、赠品、积分等周边要素上可做不同的组合，孩子王会员得到的往往是独一无二且有更多附加价值的商品。

徐伟宏将之视为在垂直细分领域可能超越天猫、京东等综合性大平台的最大机会，因为细分领域的数据才能挖掘出足够多的规律。"如果你做0～100岁消费者的生意，数据里面能有多少类似性？但是我如果只做0～3岁，就能知道每个小朋友一个月喝几罐奶粉，一天用几块尿不湿，还能知道亚洲人的体格平均几个月长高5厘米，5厘米就必须要买衣服了，因为脚踝露出来了。"

由此，孩子王改变了从生产商到销售商再到消费者的B2B2C传统供应模式，发展出了一种以消费者需求为出发点、反向定制解决方案的S2C2B模式。基于数据预测的商品需求不仅精准，可使供应链效率更高，且能通过针对性发放优惠券等形式唤醒会员需求，创造比被动等待更多的交易，传统链条各环节之间的零和博弈关系转变为了共赢关系。

员工顾问化 要实现单客收入持续增长，意味着顾客拥有极强的黏性，单凭商品不可能做到这一点。孩子王的另外一项创举是：将员工与会员的关系转变为顾问与粉丝的关系。

目前孩子王拥有8 000多名一线员工，其中5 000名左右拥有国家人力资源和社会保障部颁发的育婴师证书，门店副总经理以上的管理人员必须考取国家中级以上的育婴师才可以任命。以南京建邺店为例，店里一共86名员工，持证员工70多名，约占总人数的85%，除26名专职育儿顾问外，大多数普通导购人员也都是国家认证的育婴师，服务专业度可想而知。

"粘"住会员的核心力量是孩子王的育儿顾问群体，她们是会员的直接管理者和服务者。育儿顾问不承担普通门店销售任务，其核心职责就是会员的开发与维护。一旦某位会员被开发，他会直接归属到对应的育儿顾问名下，此后一直由这位育儿顾问提供服务，绝大多数会成为一对一的微信好友。育儿顾问的业绩指标、奖金收入等与会员的数量、活跃度、消费额等直接挂钩，积极性可想而知。

在孩子王建立的会员微信群里，育儿顾问与会员互动频繁，甚至深夜一两点钟还会回答会员的提问。一些妈妈在医院待产或宝宝出生，育儿顾问会主动去医院看望。一些妈妈要照顾婴儿不方便出门，育儿顾问会帮其在门店购买所需物品并送货上门。某位重庆的会员因乳腺不通、婆媳关系不睦引发产后抑郁，向育儿顾问透露了厌世情绪后，该顾问一大早便赶到那位会员家里为其疏通乳腺，同时调解婆媳矛盾，六个小时后，双方重归于好。摆满月酒时，所有亲戚朋友都已到齐，家人仍要坚持等到一个小时后这位顾问下班赶来才开席。类似的例子在孩子王内部并不罕见。

信任度极高的一对一服务关系创造的价值相当惊人。徐伟宏说，一个高级育婴师的产值能比非育婴师员工高出接近10倍。顶尖育儿顾问一年创造的营收能达到1 000万元，普通非育婴师员工只有百万元左右。

为了进一步提高服务水准，2016年孩子王启动"育儿专家"项目，聘请各地区三甲及以上医院儿科、妇产科的知名专家作为孩子王的专业医学顾问，配备到每家门店。育儿专家每周在固定时间段到门店提供服务，平日则在会员微信群里答疑解惑。

互动活动是孩子王的另外一项撒手锏。2015年之前，孩子王要求每家门店每年都要做1 000场活动，平均每天3场，2016年去粗取精后调整为768场，已形成了新妈妈学员、好孕讲堂、成长缤纷营、童乐会等一批品牌活动。活动不仅创造了吸纳潜在会员的有效场景，也通过互动进一步增强了会员的黏性。2016年"二月二"，孩子王推出为宝宝免费理发活动，一天服务的宝宝就达到26 000名，2017年改为收费，仍有2万多名宝宝到店参加活动。

如今，服务已成为驱动单客增长最重要的力量。孩子王有相当数量的会员获取成本为零，甚至为负，一些金牌育儿顾问的过半会员都由推荐发展而来。"如果你让一个用户产生极致的口碑，这个公司想不快都不行，这就是以慢制快。"徐伟宏说。

单客增长模式的打造是一项浩大的系统工程，徐伟宏形象地将之总结为：孩子王在每一个会员身后放置了两个角色，一个是工程师，一个是育儿师，前者通过数字化手段高效响应用户需求，后者则通过服务与会员建立情感上的深度连接。

学者生，像者亡

作为一家以经营顾客为本的企业，最根本的挑战也许是向顾客学习的能力是否可持续。

孩子王单客经济的思路得到了以美国华平投资集团、高瓴资本为代表的资本方的认可，在2012年和2015年分别完成了金额为5 500万美元、1亿美元的融资，2016年9月又获得来自万达、华泰、中金、史带保险 starr 四方联投的C轮融资，2016年底登陆新三板。

希望学习孩子王模式的人越来越多，曾有人带着团队到孩子王一路拍摄，一周拍门店，一周拍总部部门，但后面没了下文。

徐伟宏借用"学我者生，像我者亡"一语强调，骨子里对技术的高度重视、深厚的顾客关系土壤、团队形成的价值观等才是孩子王真正的竞争力，只看表面极易被误导。不仅如此，孩子王自身也一直处于快速迭代和升级的状态，简单模仿无异于刻舟求剑。

全渠道服务商 成立7年多来，孩子王的定位经历过数次大的调整。2012年之前，孩子王对自己的定位是"经营顾客关系的公司"；2012年调整为"经营顾客资产的公司"，因为只有资产才可以量化和增值；2016年又改为"中国新家庭的全渠道服务商"。

2015年11月，孩子王推出移动端App，线上生意被重新捡起，一年下载量达到400万。这并非一次简单的归来。当年放弃线上的核心原因——效率低下仍旧存在：客单价不到200元，订单在地理上极其分散，用户要求价格越来越低、送货越来越快。重新开通的线上渠道定位很清晰：为线下会员提供服务。

"很多人理解线上线下都有就叫全渠道，我们理解的全渠道只有一个标准：线上、线下用户的重合度超过90%。"徐伟宏说，"你的线上一定要真正为线下服务，如果只是为了在线上多做点生意，麻烦就大了，因为你面对的是被阿里巴巴和京东花几百亿教育过的用户，想轻易拿过来是不可能的。"

孩子王目前的线上用户绝大多数来自线下。在App里，会员们不仅有更丰富的商品可选，还可以报名参加门店的线下活动，在线咨询育儿顾问，预订线下服务，享受极速送达的服务，等等。

正因如此，全渠道服务的推出不仅没有产生许多人担心的线上线下"互搏"问题，反而对销售产生了极其明显的拉动作用。目前，孩子王全渠道用户的产值是纯线上用户的7倍，是纯线下用户的4倍。

如何"人客合一" 雄厚的技术力量是孩子王的护城河之一，不断迭代的技术工具成为支撑其运营效率提升的利器（图4-2）。

杨娟娟是南京建邺店的金牌育儿顾问，直接服务的会员超过3 000人，没有工具不可能实现。孩子王的每位员工都装有一款名为"人客合一"的移动端软件，与CRM系统、商品库、HR系统全部打通，可以实现会员服务、在线学习、奖金查询等诸多功能，甚至可以发起"分享购"，即将线上商品的链接转发至朋友圈，会员看到可直接点击购买，仅此一项杨娟娟便能做到3万元的月流水。

顾名思义，为会员服务提供支持是人客合一的核心。以育儿顾问为例，进入"我的会员"页面，能看到会员总数、未消费会员、重点关注会员、单品类会员、低客价会员、付费会员等不同类别，维护的重点一目了然。进入具体名单，每位会员都标注有

4 孩子王的"单客经济学"

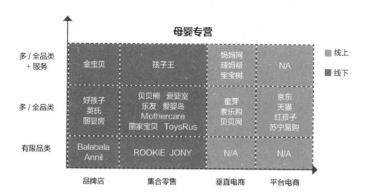

1. 2015年营业收入
   - 25亿元以上　•孩子王　•乐友
   - 20亿～25亿元　•爱婴岛
   - 10亿～20亿元　•爱婴室　•贝贝熊
   - 低于10亿元　•丽家宝贝

2. 近5年同店增速
   - 超过20%　•孩子王
   - 10%～20%　•乐友　•爱婴室
   - 低于10%　•爱婴岛　•贝贝熊　•丽家宝贝

3. 覆盖省市
   - 10个以上　•孩子王　•乐友
   - 小于10个　•爱婴岛　•爱婴室　•贝贝熊　•丽家宝贝

4. 店均面积
   - 1 000平方米以上　•孩子王
   - 小于1 000平方米　•乐友　•爱婴岛　•爱婴室　•贝贝熊　•丽家宝贝

来源：罗兰贝格2016《中国母婴童市场研究报告》，本刊末对数字进行复核。

图4-2　母婴童零售渠道布局及大型母婴童集合零售商概况

建档信息、消费情况、是否已下载App等标签，可通过系统一键发送提醒短信和优惠券，还可结合后台数据中心的分析，进行针对性营销。

例如，一位育儿顾问在自己的系统里看到某位单品类会员近期只买过一次玩具，可以先根据玩具判断会员宝宝的年龄，如果年龄较大，就可为其推送图书、服装等其他品类的商品优惠券，刺激其二次消费。如果后台数据库根据其在全平台上的过往消费行为判断出该宝宝来自一个二胎家庭，那便会另归一类，此时的推送便可以进一步扩展到其他年龄段的商品。

2013年进入孩子王的刘斌是南京建邺店的第五任店长，他回忆，此前通过ERP中台系统要拉出一个数据至少要半小时到一小时，现在员工在手机上直接就能作分析，效率大大提高。人客合一系统本身也在不断迭代，比如全渠道会员的价值被发现之后，会员分类里很快就会将这一类别单独列出，作为重点维护对象。未来，复杂操作简单化是人客合一进化的一大重点，一线员工按3～5下就能找到任何想要的结果是目标之一。

第一圈生意之后 孩子王的目标群体是0～14岁的婴童，目前以商品经营为主，并以0～3岁为核心，以4～6岁为重点，部分覆盖7～14岁，这是孩子王的"第一圈生意"。随着运营年限增加，一些会员的宝宝逐渐长大，现有的产品结构已不能满足其需求，孩子王为此正在酝酿改变。

徐伟宏介绍，接下来孩子王将把教育类虚拟产品作为主打方向，并引入一些外部的合作伙伴，目前已开发出相应的App。这是一个极具吸引力的市场，对于重视教育的中国家长们来说，他们从来都不吝于对此进行投入。这是孩子王的"第二圈生意"。

从长远来看，只要管理好会员这项最核心的资产，必然还有第三圈、第四圈的生意等着孩子王。"现在闭着眼睛讲，我都有一千多亿元的市场，随便往下挖一点都是金子，干吗到别的山上东敲西敲呢？"

徐伟宏也清楚，孩子王的成长必然伴随多重挑战，比如：在门店高速扩张的状态下，如何保证拥有足够的人员储备？对于将自己定义为"服务商"的孩子王来说，强大的企业文化对于保证服务质量至关重要，如何将之有效传导至8 000多名一线员工？自己埋头做到100亿很轻松，但要做到1 000亿则要依靠开放合作，迄今为止一直在做"封闭式开发"的孩子王是否能顺应变化？

作为一家以经营顾客为本的企业，最根本的挑战也许是向顾客学习的能力是否可持续。"几乎所有的公司失败都是从成功那一天开始的……一旦大家认为自己的打法可以，从领导开始，后面的很多事情就会变成无意识的个人创意秀，却不一定是用户所需要的。这是我们最大的风险。"徐伟宏说。

5　买单侠：技术派玩转蓝领信贷 *

买单侠避开巨头们的厮杀，撬开了金字塔底层年轻人的信贷蓝海。然而，这家公司运作的核心并非情怀，而是极度的理性和计算。

刚过20岁的小孙是一名典型的城市蓝领：老家陕西，初中毕业，15岁起外出打工；现在是上海外环一家制造厂的流水线工人，每天至少加班两小时，做六休一，月收入不到4 000元；爱去网吧打游戏，也爱旅游，曾花1万多元在丽江玩了一个多月；手机用苹果，而且是最新款……

当下中国，像小孙这样18～35岁的年轻蓝领约有2亿人，

---

* 本文采访者潘鑫磊、罗真。作者潘鑫磊。原载于《中欧商业评论》2016年第3期。

90后、00后渐成主力。他们的消费习惯与其父辈相比，存在巨大的差异：虽然收入不高，但消费意愿极强，大部分人拿到工资后15~20天便全部花完；日常消费对价格不敏感，不少人抽20元一盒的烟，喝瓶装矿泉水；多为冲动型消费者，耐心很差，有些人取钱连几百米外的ATM机都懒得去，宁愿在宿舍楼小卖部的POS机上刷102元拿100元现金。

这正是移动分期产品——"买单侠"的创始人胡丹瞄准的用户群体。由于单体价值小、服务成本高等原因，他们从未入过传统金融机构的法眼，绝大部分人没有个人征信记录，是社会中的"薄文件""无杠杆"人群。但胡丹认定，给这群人放贷会是门好生意。

金字塔底层掘金

金字塔底层年轻的蓝领人群一直被金融机构忽视，实为理想的信贷客户。

虽然做的是蓝领市场，胡丹自己的履历却相当"高大上"：清华大学本科，斯坦福商学院MBA，先后在通用电气、麦肯锡和红杉资本供职，加入创业大军前任红杉资本副总裁。他的创业

新商业　新势力：
社会巨变下的创业思路

缘起可追溯至 2010 年。

彼时，胡丹正在斯坦福读 MBA，偶然间听到了校友理查德·费尔班克（Richard Fairbank）关于自己如何创办信用卡公司 Capital One 的演讲，大受触动。Capital One 只用了 20 年时间，便打败一众拥有数百年历史的老牌银行，跻身全美信用卡公司前列，其成功的秘诀是对用户进行深度的个性化挖掘。其中一些细节令胡丹印象深刻，比如寄信用卡的信封用蓝色还是红色，信封抬头写"Dear Sir"还是"Sir"，都要做 AB 测试，所有决策都由信息驱动。

理工男胡丹一下被击中。"我不太懂情怀这些东西，但很理性、很数据化的东西我非常认同、也非常理解。"创业的想法由此萌发，他也想做一家 Capital One 那样的技术驱动型公司。技术就是生产力，技术就是毛利，技术就是壁垒，胡丹对此深信不疑。

2014 年，买单侠诞生，方向是针对蓝领人群的移动金融。这同样源自 Capital One 带给胡丹的启示：一定要做别人认为很难的事情。虽然做不好就完蛋，但做好了价值会很大，即增量创新更有意义。买单侠瞄准的就是国内个人信贷市场中"难啃"的增量。

国内的个人信贷市场是非常典型的金字塔结构（图 5-1）。

塔尖是以白领为主的信用卡人群，这是个人信贷最大的存量市场：一边是各大银行发行的信用卡，一边是阿里、京东等互联网巨头推出的支付宝花呗、京东白条等消费信贷产品。塔尖竞争激烈，毛利低，且国内白领人群目前仍倾向于在信用卡免息期内还款，利润空间很小。

往下一层是国内众多的小微企业主，他们更偏向生产性信贷，用于扩大投资或现金周转。目前主打这类人群的是各类P2P平台，算是近年的一个增量市场，毛利远高于白领人群。但高毛利以高风险为代价，资料显示国内中小企业平均寿命在两年左右。

图5-1　多层次的个人信贷

新商业　新势力：
社会巨变下的创业思路

底层则是长期被忽视的蓝领人群。传统银行不碰这群人，因为他们流动性很大，没有可靠的信用记录，单体价值低，服务成本高；阿里、京东的客户主体是城市白领，延伸出的信贷业务也自然以之为主要目标。

胡丹看中的正是金字塔底层年轻的蓝领人群，一直被金融机构忽视的他们实为理想的信贷客户。这一判断除了消费特征，还有风险方面的考虑。"给一个杠杆率为零的人加一点杠杆是相对安全的。目前蓝领的杠杆率很低，基本没有借贷经验，身上没有负债。与其同龄的白领、学生群体杠杆率已经比较高，比如白领，信用卡额度已经不低，而且不同的银行还在反复发卡，事实上风险很大。"

人群确定了，用什么产品去撬动？胡丹选中了手机。对如今的年轻蓝领们来说，手机的意义并非简单的电子产品。伴随移动互联网的爆发，这个人群直接跳过PC，进入了手机上网时代，几乎所有的事情都在手机上完成。手机不仅是他们接触外部世界的窗口，某种程度上也是帮助他们跳脱圈层的重要工具，甚至成为一种身份象征，很多人情愿支付一两个月的工资购买一部价格不菲的手机，分期付款虽需多支付几百元钱，但可以避免"月光"，吸引力不小。

一句话，买单侠要做的就是借钱给蓝领买手机。从其目前的表现来看，胡丹选对了方向：2014年3月公司注册，7月产品上线运营，10月拿下千万美元A轮融资；2015年完成近1亿美元B轮融资；如今每月新增用户接近10万，每月放出贷款接近2亿元……

风控为王

买单侠的风险评价模型始终在迭代，内部一直都有"冠军模型"和"挑战者模型"两套体系在运作。

对于绝大多数金融类产品来说，风险控制都是非常核心的工作，何况买单侠的目标客户本就缺乏有效的个人征信记录，更是必须在风控上下足功夫。

拒绝线上获客　买单侠做的是移动金融，最早借助微信公众号提供服务，后来又开发了专门的App。尽管大部分服务通过线上完成，但买单侠却拒绝通过单纯的线上推广获取客户。

与常见的O2O项目不同，消费金融领域的线上获客是"危险行为"。胡丹解释说，一款贷款App挂在网上，最容易吸引的就是信用饥渴的人，他们往往通过搜索"借款""还信用卡"等关键词找来，其中出现"坏人"的概率更高。即便后面通过筛选将其拒掉，考虑到关键词购买等线上获客成本高企，此举并不经济。

买单侠选择的推广方式是"线上+线下"。在线下由店员向买手机的顾客进行推荐，大部分人通过店员才知道贷款的事情，因此在统计学上是随机样本。如果以7∶3的比例去做好人和坏人的切割，理论上通过率维持在70%左右，就在比较高的通过率基础上，获得了比较低的违约率。

为了进一步降低风险，胡丹和他的团队还在线下设置了各种"关卡"，比如用户只有在手机门店处扫码才能下载App申请贷款，同时这些二维码有时间限制，3分钟后自动失效。他们还在线下的门店设置了风险督察员，一些可疑的申请人能够在线下被识别出来，比如一伙人一同前来，就会成为重要的风险识别点。

击败团伙欺诈 "我们的业务不怕别的，就怕有大爆炸、有核弹。"拥有超过8年反欺诈风险管理经验的朱君在2014年10月加入买单侠团队，担任首席风控官。朱君所说的"核弹"是指有规模有组织的欺诈团队，他们一度是买单侠最大的敌人。

在朱君加入之前，胡丹曾经"觉都睡不着"。买单侠的业务量起来的时候，也是被欺诈团伙盯上的时候。最初团队的整套风控体系完全依赖人工审核，效率低、准确率低。更要命的是，这套风控体系在欺诈团队面前形同虚设。比如，用买单侠申请贷款时，申请人需要填写紧急联系人，风控团队会打电话给这些紧急联系人，以确认申请人的真实身份。而欺诈团队会雇佣一帮人假扮申请表上的紧急联系人，且屡试不爽，以致某个月的违约率高达20%。

朱君加入后在风控上做了一个重大转变——把所有基于人工判断的决策都做到机器里，即把传统的风控流程全部拆解，重新对应成一步步的信息决策。

针对抱团式欺诈，他们开发了一套黑名单系统。黑名单的来源主要包括两部分：一是外部征信公司提供的数据，一是基于历史违约数据的积累。当欺诈团队使用的紧急联系人号码命中黑名单后，系统会自动报警，与这个号码相关的所有社交联系人的信息，如电话号码、社交网站账号、身份信息等都会被加入黑名单，等于是在用不良信息"抱团"的方式回击欺诈分子。

与此同时，公司首席技术官李炫熠也在技术上提供支持，上线了一套声纹识别功能，那些被雇佣的紧急联系人很容易就会穿帮，诈骗团队就需要增加扮演紧急联系人的人员数量，欺诈成本大大提高。如今，反团伙欺诈一役已取得阶段性胜利，违约率显著下降。

冠军/挑战者模型 买单侠的风控体系经过不断完善，审核效率与最初人工审核时相比，已不可同日而语。最早审核通过一笔贷款要一个多小时，许多申请人因没有耐心等待而流失，而现在平均只要 8 分钟。填写资料加审核通过的时间总和平均为 15 分钟，最快的只要两三分钟，违约率也从超过 20% 降到 5% 以下。

朱君和李炫熠是买单侠决定发放每一笔贷款的左右脑。朱君负责模型和策略，李炫熠负责数据搜集和分析。举例来说，一个申请人在买单侠 App 上填写申请表只有短短几分钟，但会产生约一万个数据点。比如，一个用户在申请表上填写身份证号码的时长、翻页的速度、如何拖动贷款金额的滚动轴，等等。

李炫熠带领的技术团队负责搜集并分析这些数据点，并将其提供给朱君带领的风控团队。风控团队会根据经验采集相关数据，通过实验加以验证。这些数据点会构成风控体系的维度，最终形成一套分析模型对用户进行评分，一旦某个用户的风险测评分超过设定的阈值，系统就会报警。

买单侠的风险评价模型始终在迭代中，内部一直都有"冠军模型"和"挑战者模型"两套体系在运作，简单说，就是通过不断实验去验证一个个可能提升风控效率和质量的假设。比如用户翻页时间这个数据点，现行的冠军模型设定翻页速度在 1 分钟以上有风险，挑战者模型则会设定翻页速度在 30 秒以上就有风险，系统会分配 10% 的用户给挑战者模型审核。如果一段时间下来，挑战者模型在统计学意义上确实能够显著提高批核率，坏账率又没有上升,这个挑战者模型就成了新的冠军模型,如此循环。

让每一单都赚钱

"我们做第一单就盈利了,目前你可能找不出第二个做第一单就盈利的创业公司。"胡丹说。

由于买单侠主要依靠线下推广,传统手机卖场或门店老板是其重要的合作伙伴。买单侠官方网站上的口号是"传统零售的大救星",打动了不少被京东等线上商城冲击的老板。胡丹他们去推广买单侠时将之比作京东白条,老板们一下就能明白。而且买单侠的介入并不改变原先的结算流程,贷款申请审核通过后,买单侠的借款直接打到用户银行卡里,由用户支付给商家,门店销量平均提高10%,因而受到线下老板的欢迎。

不过买单侠团队毕竟在蓝领信贷领域零经验,"坑"也遇到不少,早期曾经一个月只产生了十几单借款,问题出在选址。他们一开始把地址选在了上海市区的某个手机城,事后证明,来这里买手机的并不是蓝领人群,而是以上海本地人为主。更重要的是,这个手机城里的商户流动率很高,商户老板完全没动力去推广和使用买单侠,而且违约成本很低。胡丹他们很快作出调整,最终锁定在二三线城市的富士康等大型制造工厂的周边。

经过一段时间的摸索,买单侠已进入业务稳定增长期,平均每单借款在 3 000 元左右。挑战显而易见,传统银行要贷出去 1 亿元,可能只需要对一个大客户做好风险审核,买单侠则要面对超过 3 万个蓝领用户。但精通数理模型的胡丹分析,这种模式也有好处。当投资收益服从正态分布时,就会产生一个标准差,如果把类似的投资叠加起来,而且这些投资之间没有相关性的话,整个资产包的收益标准差就会小很多。量大分散,反而可以带来更确定的收益。

目前买单侠的还款周期为 12 个月,月息 3%,这也是不断实验的结果。"我们做了很多测试,一直在找平衡点,发现月息如果提高,提前还款的概率就会变大,综合的收益可能就会下降。"那为什么不干脆将还款期延长到 18 个月甚至 24 个月呢?胡丹的看法是,现在的手机越来越像快消品,如果还款周期比产品使用的生命周期还要长,消费者就会产生厌恶心理。

以数据驱动技术为基础,加上严谨的计算和产品设计,买单侠从一开始就实现了盈利,胡丹从未想过仰仗资本过活。"我们做第一单就盈利了,目前你可能找不出第二个做第一单就盈利的创业公司。"胡丹说,"现在我们要求平均每一单都盈利。如果每一单的利息收入扣去坏账成本、资金成本、运营成本、数据成本等所有变动成本后,还能赚钱,这就是一个好生意。"

胡丹之所以执着于盈利,一是觉得补贴的生意并不真正符合商业规律,二是因为信贷行业跟整个经济周期高度相关,即便市场转头向下,违约率上升,如果有足够的利润做支撑,至少还能活下去。在这种情况下,第一单就能实现盈利显得尤为重要。

截至目前,买单侠已进驻全国150个城市,成功获得借款的用户超过20万,每月新增借款用户超过10万。团队2016年的目标是做到全年借款150万单左右,相当于兴业银行信用卡一年发出去的活跃卡量。

管理不用人,用技术

"整个公司都是实事求是和以统计学为基础的思考模式,这个行业最怕的就是浮夸。"

"做信贷跟其他互联网创业很不一样,它不是营销驱动的行业,营销驱动反而会死得很快,它是技术密集型的,所以它的核心不是情怀,而是理性和计算。"正如其标杆Capital One一样,买单侠对技术推崇备至。这一点不仅体现在产品设计、风险控制上,公司的管理也不例外。

新商业　新势力：
社会巨变下的创业思路

　　买单侠已覆盖全国近2万家门店，公司员工才200多人，其中近一半是技术人员。胡丹很清楚，自己要做的绝不是一家劳动力密集型公司。目前公司将基层的工作全部外包，在进驻的每个城市或区域选定一名代理商，代理商手下会有一支小团队负责在各门店间巡查。虽然编制上人并不是自己的，但买单侠统一通过手机App对其进行管理，与编制内无异。

　　公司的核心运营和管理主要依靠三套自主开发的App：用户用的是C端的买单侠App；手机店老板和店员用的是S端的门店销售App；散布在150个城市的众多风险核查员用的是D端的门店审核App。每个业务节点都有一套信息系统进行管理。

　　以S端为例。手机门店的老板和负责贷款推销的店员各有一款App。老板可以在App上查看员工的业绩，员工则能在App上看到自己在全国所有区域的排名。每完成一单借款，老板会拿到一定比例的返佣，店员则会收到一个微信红包，金额从10元到200元不等。看似普通的设计其实暗藏玄机。

　　"老板和店员的返佣比例在每个城市、每个时段都可以调到不一样。店员红包看上去是随机发放，但其实都是用算法调节的。红包的大小跟当时是淡季还是旺季、这个区域是不是新进入、竞争是不是激烈、这家门店的销售历史等都是挂钩的。往往店员刚有点懈怠或失望的时候，大红包就来了。"胡丹说。

针对 D 端，买单侠也分别为代理商和其手下的风险督察员开发了 App。风险督察员每天的工作都是手机 App 通过任务分发的方式安排的。比如有用户进店扫码，且系统判断有现场审核的必要，他们的 App 就会提示巡店，而且贷款申请流程必须在这一步得到反馈才能继续往下走。他们每天有没有出工，是否按要求去了相应门店，通过 App 全部能看到，甚至可以在地图上画出每个人一整天的活动轨迹。

公司内部也相应形成了理性客观的文化，所有决策都由数据驱动。买单侠核心团队成员——胡丹、朱君、李炫熠都是计算机背景出身，对此非常适应，"非常""差不多""大概"这些词不会出现在决策依据中，都会被替换成实打实的数字。"整个公司都是实事求是和以统计学为基础的思考模式。我觉得到目前为止还挺受用，因为我们这个行业最怕的就是浮夸，浮夸两个月，可能以前赚的钱就都没了。"胡丹说。

※ ※ ※ ※ ※

成立仅仅两年，买单侠获得的数据已达千万级，越来越接近一家数据公司，不少企业来寻求合作，但胡丹并不心急："主要还是看对用户有没有价值，如果只是我们自己赚点钱，就算了。"

对买单侠自己来说，如何深入挖掘这些数据的价值，进行有效的商业拓展已是需要考虑的事情。目前，买单侠正在针对部分优质客户进行小规模的现金贷实验，测试其转化率和逾期率。在贷款品类的拓展方面，则仍以手机等电子产品为主。"我们还没找到第二个可以跟手机匹敌的场景。电动车也好、教育培训也好、租房也好、旅游也好，都是非常小的场景。"

谈到可能的竞争对手，胡丹也并不担心。一是因为这个市场足够大，2亿年轻蓝领中，上过"杠杆"的人的比例小到可以忽略不计；二是最有竞争力的互联网巨头一般都是沿着金字塔从上往下走，三五年内还不会进来。"阿里、腾讯和京东都很有希望做消费金融。但阿里和京东对蓝领的覆盖率很低。我们跟京东的用户做过匹配，重合率不到1%；我们的客户跟淘宝用户虽有一定的重合率，但多是购买游戏点卡或电话卡，不算真正的消费；客户重合率较高的是腾讯，但仅凭社交数据，没有线下团队，要进行风险判断难度非常高。"

尽管痴迷于数字和理性，但胡丹也已意识到务虚的必要。2015年初，胡丹带着六人高管团队集体去郊区待了两天，没干别的，每人分享了三个败局案例，比如蒋介石为何被打败、某些跨国企业为什么衰落、此前的投资项目为何失败……

"成功没什么好学的，尤其在金融这个行业，你只要不失败就成功了。"胡丹说。

第二部分

互联网重塑传统行业

6　找钢网：在夕阳产业谋大局 *

"互联网""风险投资"和"钢铁"三者的结合，让找钢网成了某种意义上的全球首创模式。

成立三年半、今年年初完成1亿美元D轮融资，IDG、华晟资本、红杉资本、经纬中国等顶级风投入股，员工超过1 300人，其中包含数百人的技术团队……单看这样一家创业公司的履历，你多半猜测它来自诸如O2O等风口上的领域。然而，这家互联网公司做的却是钢铁生意。

这家公司叫找钢网，顾名思义，是"互联网＋钢铁"。钢铁行业在经历了十多年的狂飙突进后，受到GDP减速冲击，2014

---

* 本文作者潘鑫磊。原载于《中欧商业评论》2015年第12期。

年的全行业销售利润率仅为0.85%，是效益最低的工业行业之一。在这样一个没有多少想象力的夕阳产业，找钢网的创始人兼CEO王东却抓到了机会，只用了三年多时间，不仅做成了中国最大的钢铁全产业链电商平台，也让沉重单调的钢铁行业有了生机。

三页纸拿下千万投资

王东最早是一名大学物理老师，但他真正的兴趣却是经济学。2010年，各界热议"四万亿投下去会有什么效果"，王东偶然在某论坛上听到了几位经济学家就这个话题的辩论，突然就开窍了。

"四万亿一出，不只钢厂会上项目，各种重化工、水泥、玻璃行业都会扩产，银行也会全力配套资金支持，2008年钢产量大概是6亿吨，随后很快就扩产到了10亿吨。"2010年前，钢铁行业一直处于供不应求的状态，这个时候谈电商、谈"互联网+"，一点意义也没有，而"四万亿"的到来改变了风向。一边是源源不断生产出来的钢材，一边是日渐萎靡的需求，钢价应声下跌。对那些夹在钢厂和终端用户之间的、大大小小的钢贸商而言，这意味着更稀薄的利润、更激烈的竞争和压力更大的资金链。对王东来说，这却是千载难逢的机会。

6 找钢网：在夕阳产业谋大局

"时机没到，你出去创业，你就是先烈；时机正好来了，你就会走在潮头。当钢铁行业'产能过剩'时，旧的流通体系就一定会被电商取代。"信心满满的王东只准备了三页纸，就拿下了真格基金和险峰华兴的 1 000 万元天使投资。找钢网成为国内首家由风险资本参与的钢铁电商。由于国外的钢铁行业多在互联网技术尚未出现之前便实现了产业聚集，而且多以财务兼并的方式完成。因而，"互联网""风险投资"和"钢铁"三者的结合，让找钢网成了某种意义上的全球首创模式。

虽然当时还没有完全确定战术打法，但王东对钢铁行业将要出现的底层性的变化十分笃定：第一，整个市场将由卖方市场转为买方市场；第二，渠道将会扁平化，靠信息不对称赚钱的钢贸商将会消失；第三，电商将大行其道，得入口者得天下。同时，他对自己的三人创业团队非常有信心，他们此前都在互联网钢铁行业摸索过，王东深信只要团队靠谱，商业模式终会打磨出来。

中国目前的钢材总产量大约 11 亿吨左右，粗钢产量约 8 720 吨，其中 30% 是钢厂直供，去掉近 1 亿吨的出口量，整个市场流通量大约在 5 亿到 6 亿吨，以每吨 2 000 元来计算，称得上是万亿级别的市场，关键是，互联网化程度不高。面对如此巨大的市场，王东和他的团队从哪里打开第一道切口？

新商业　新势力：
社会巨变下的创业思路

先"淘宝"后"京东"

　　王东的团队最早是做互联网钢铁搜索业务的,他们发现,向终端用户供货的众多小买家是传统钢贸体系的弱势群体,这些买家每单采购量不大,为了找到合适的货,却要费不少周折。王东他们做的第一件事,就是帮助这些买家从各级代理商那儿更快、更精准、更便宜地找货。于是,撮合交易成了找钢网最早的流量入口。

　　如今回头看这一段最早的用户积累,互联网的技术运用其实还很少,更多是依靠交易员打电话,或用 QQ 和一些简单的网页信息展示去撮合交易。然而这个阶段也最为重要,如果不能在短时间内积累到足够多的用户,找钢网作为入口的任务就很难完成,后面的种种可能也就成了空中楼阁。

　　2012 年 5 月 3 日,找钢网第一天上线,当天完成撮合交易 166.774 吨;4 个月后,日交易量突破 7 000 吨;11 个月后,日交易量突破 2 万吨……一年不到的时间,交易量翻了 120 倍(图 6-1)。找钢网由此迅速成为钢铁电商交易平台最大的入口,可以理解成是今天的淘宝模式:作为平台撮合买家卖家完成交易。

　　这个时候,摆在王东面前的是一道选择题。是选择收费赚钱,还是不如免费,再看能不能做点别的事?王东选择了后者,

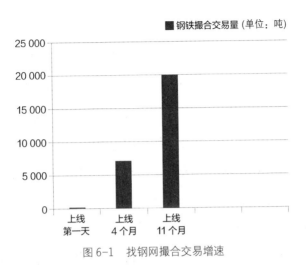

图 6-1　找钢网撮合交易增速

因为小而美的公司不是他想追求的,让撮合交易免费,吸引更多流量才有可能做更大的事。

于是公司开始了第二轮融资,此刻行业的环境也发生了变化,让王东想做成的"大事"成为可能。2013 年,钢铁行业产能过剩加剧,加上钢贸危机的持续发酵,很多钢铁企业的大代理商破产。对大型钢厂而言,如果销售渠道出现 5% 以上的变化,就是非常大的打击了,而且这些破产的代理商有一半以上在上海,货找谁去卖?恰好找钢网的大本营就在上海,有两家钢厂就把货直接放在找钢网卖给各个小买家,于是催生了找钢网的自营模式。

其中一家钢厂位于张家港,在它之前,从没有钢厂将货委托给第三方在网上卖。找钢网联合创始人王常辉亲自出马去跟钢厂谈判，他给钢厂老板算了一笔账。摆在钢厂面前有三条路：第一，依然通过传统贸易商卖，但钢价涨了，上涨部分的利润被贸易商赚去；钢价跌了，贸易商不进货了，厂里的高炉却是不会停的，在今天的大环境下风险太高；第二，钢厂自己卖，但制造业的基因很难做好零售；第三，跟找钢网合作，找钢网赚的只是交易佣金，钢价涨价的部分钢厂能赚到，一旦跌价，找钢网可以快速降价销售，降低库存风险，双方利益一致。

就这样，跟找钢网合作的大小钢厂达到了90余家，改变了多少年来的行业规则：首先，钢厂和渠道商的结算方式从先结算变为后结算，找钢网由此成为一个服务提供商。钢铁的销售模式也从批发走向了零售。在王东看来，判断一个行业真正成熟的标志就是看这个行业有没有诞生大型的零售机构，而电商又是零售的更高形式。

截至今年7月，找钢网日交易量约18万吨，自营日交易量约6万吨，相比两年前，又是一个接近10倍的增量。2014年，找钢网的全年销售超过2 000万吨，今年预计将会突破3 000万吨，而过去，一个省级单位的大型钢贸商全年销售超过百万吨已经很了不起了。短短四年，找钢网就问鼎中国最大钢铁零售商。如果以6亿吨的钢铁流通市场来计算目前找钢网的市场渗透率，未来空间依然巨大。

而自营模式又绕不开运输、仓储、加工和资金周转等问题。2013年底,找钢网开启第三轮融资,自己切入物流、加工、仓储和供应链金融,俨然成了一家"类京东"钢铁电商。在所有这些服务中,王东尤其看重金融服务,他甚至认为这是金融改革能否落地的关键。因为金融业和钢铁业面临一样的核心问题:信息不对称以及效率低下。小微企业没法从银行借到钱、钢铁行业下游的小买家没法买到货。但有了互联网之后大不同了,以找钢网为例,它可以根据所有用户的交易记录进行信用评级,一般小买家供货的账期只需7天,传统银行是不可能服务这类人的,有了平台数据后,找钢网就可以很放心地为这些用户提供金融服务。

"消费者按揭去买个家电,这不是中国的当务之急。当务之急是让传统产业上的小微实体得到支持,让大量的民间制造业得到资金,这件事一定需要互联网,而且只有产业互联网才能做到。"王东说。

"一带一路"钢铁版

今年8月,江苏西城钢铁总经理亲赴韩国,向一个由6名韩国人和1名中国人组成的团队表示感谢,这个团队就是找钢网国际电商事业部的韩国团队。

"走出去"的战略,王东一年多前就有了构想。中国钢铁的出口量在2013年只有几千万吨,2014年突然增加了一倍,王东判断钢铁出口量还会继续高速增长。于是,找钢网一边继续渗透国内钢铁电商市场,一边开始瞄准海外的增量市场。

这其实跟中国政府大力推行的"一带一路"战略密切相关。对王东来说,所谓的过剩产能,都是放错了地方的优质资源。中国的钢铁对于那些发展中国家而言,就是物美价廉的优势产能。在中国,一吨钢铁卖1 900元,在韩国的零售价位可能是2 200元。然而传统钢厂都各自为政,没有能力去做零售,只是沿袭批发的老套路,这样一是赚不到什么钱,二来还容易被竞争对手指责为倾销。

"我们韩国团队的负责人就是一个韩国人,我们安排他沿着汉江一家一家去拜访,去看中国的钢材到韩国之后到底卖给谁了。只有绕开中间的大贸易商,才能让钢厂挣到钱。于是我们决定在韩国自建零售体系。你看,首先我们并没有冲击当地市场,其次,我还雇佣了韩国人、还租用了韩国场地、还能为韩国的工厂提供相应的零售服务,所以当地政府一定是欢迎的。如果中国的工业制造品要走出去,一定要以零售的形式出去。"王东说。

然而在异国他乡重建一整套零售体系谈何容易。做零售,首先要保证有足够多的SKU，同时还要有相应的物流配送，并充分考虑当地的金融和法律环境。对于找钢网来说，正因为在国内的自营业务上积累了不少经验，因此可以快速在韩国站稳脚跟，也成为了国内第一家涉足跨境交易的钢铁电商。找钢网的韩国团队帮助国内的西城钢铁在3天之内卖出了3 000吨货，并让钢厂比传统的出口渠道每吨多赚了6美元，资金回款从过去的两个月变成半个多月。

创业就是一场找朋友的游戏

今年1月，找钢网完成了D轮1亿美元的融资。对王东来说，从做撮合交易打造订单入口、涉足自营整合产业链到进军海外市场，每轮融资都只聚焦解决一个问题。而这轮融资要解决的问题是拆VIE结构。如果一切顺利，明年找钢网将回国上市。

"刚开始做的时候，极少有人关注。市场变火，有好有坏。好处是融资和吸引人才，以及开拓市场会相对容易一些；坏处是可能面临恶性竞争，心态也可能会变得浮躁。"王东深信产业互联网未来会有更大的发展，对找钢网目前的竞争壁垒也有足够的信心，但他最担心的是人的问题。"我对创业最深的感触是，这是一场找朋友的游戏。不只是对我自己，包括我每一个分公司的负责人，包括每一个事业部的负责人，他们找朋友的能力决定了整个部门的发展。"

虽然找钢网目前已有一千多名员工，但他们面对的是个无比庞大的市场，继续吃到更大的蛋糕，就需要继续招到更好的人并留住他们。正如王东所说，能不能找到一群志同道合的朋友，或许是王东和他的找钢网未来最大的挑战。

7　当大货车变成"0"和"1"*

当一辆卡车接入了互联网,它的每次颠簸都与G7平台相关联的时候,卡车运输行业的规则就悄然发生了变化。

在高速公路上,当司机看到附近出现一辆20米长的大货车,心里往往会掠过一丝紧张。汇通天下CEO翟学魂说:"这种紧张是很理性的,因为就常识而言,大货车确实有一些安全上的隐患。"

对于大车司机而言,卡车的孤身万里行也远没有美国公路电影那么浪漫。在物流行业里干了18年的翟学魂前些日子遇到一位跑运输的车老板,车老板是卡车司机出身,他说,以前家里的

---

* 本文采访者潘鑫磊。作者汪洋,《中欧商业评论》主笔。原载于《中欧商业评论》2015年第12期。

姑娘是要嫁给司机的，因为挣得多。现在谁也不愿意把姑娘嫁给卡车司机了，这个工作不安全，挣得也不够多。

超速、疲劳驾驶和空挡溜车是卡车运输行业的普遍现象。车老板要求司机准时达到某地，当司机感到来不及的时候，就会超速。疲劳驾驶则因为每车只配有一个司机，发车时间又大多是晚上11点多，到了早上司机会很累，又习惯赶到目的地才休息。这种状态司空见惯，尽管他们都知道40%的交通事故与疲劳驾驶有关。把车摘到空挡溜车，司机可以省下一点点油钱，但当前面出了状况，再挂挡就来不及了。"司机一天得着所有机会溜20公里，也只能省20块钱，但这是非常危险的一件事。"

激活一个沉睡的行业

当车跟互联网相连之后，管理的颗粒度就变成了秒。

车辆安全对货主、车主、司机和公众都很重要，但司机有让自己"利益"最大化的自驱力，翟学魂看来，这与普通人的安全意识相悖，与司机自身安全也相悖。而除去不可抗力的因素，行驶安全、能否准时到达以及油耗都是由司机意识决定的。只有改变了司机的想法和行为，整个行业的效率才能得以提升。

移动互联网的普及使得这种改变成为可能。汇通天下的G7平台通过移动互联技术改变了司机和车主之间的博弈关系。当一辆卡车接入了互联网，它的每次颠簸都与G7平台相关联的时候，这个行业的规则就悄然发生了变化。通过一个安装在发动机上的附加设备，卡车所处的位置、司机每踩一脚油门、一脚刹车以及转弯的幅度等数据都能即时传输到平台上，"这是毫秒级的，这些数据，不但我们知道，司机知道，车主打开手机App也能随时知道，"翟学魂说，"像是新闻自由一样的新制度，而这种自由是双向的。"

在新的信息环境下，车老板随时可以像坐在副驾驶上那样，这让司机的想法和行为不得不发生变化。很多老板已经跟司机们重订规则，如果司机开车方式特别差，就不再雇佣了；如果每个月的节油情况特别好，可以变成考分，与工资奖金相关。所有数据都是透明的，发在司机的群里，每人都能看到自己排在第几名。这样，卡车司机的每一次出行都是在给自己积累行为数据，不但可以获得当下的收益，好的行为方式也是对自我价值的投资。"打开App看，我是五星级司机，一百万公里无事故，几乎没有疲劳驾驶的历史。如果开特别大的车，转弯半径也掌握得特别合适，因此我开一公里车你要给我发4毛钱，而不是3毛钱。"而不好的雇主首先失去的并不是客户，而是司机，因为稍微出色一点的司机都去挣更多的钱了。

货主最关心的不是油耗,不是安全,而是时效。互联网将过去按天算的行业时效,变成了按秒算。在过去,做物流的公司按天来设计、包装产品,但当车跟互联网相连之后,管理的颗粒度就变成了秒。卡车运输行业已经有了和航空公司一样的时刻表,这个时刻表是以秒的数量级建立起来的。

过去卡车运输行业类似没有"产品"的农业状态,未来互联网会使这种农业状态变成由小公司组成的工业状态。打个比方:大巴车客运站运营每条线路的都是个体户,但政府垄断了场站并进行严格管理,从而能够准确运营。过去在货运上无法实现这一点,通过移动互联网才使货运变成像航班、公交一样的产品。

等待了18年的大机会

一家有一万亿元采购能力的公司,完全有可能重构提供各种生产要素的环境。

翟学魂和他的团队等了18年,才等到用互联网技术大幅改造物流行业的机会。但信息化是他们一直坚持在做的事,"我知道这一天只是时间问题,却没想到会等这么久。我从20多岁变成了 40 多岁。"

翟学魂刚刚进入物流行业的时候，像宝洁这样的公司，一到旺季，货运就很不畅，因为订不上计划的铁路专列。那时运力非常不易获得，服务当然更成问题。很多第三方物流公司因此诞生。它们教育货主们怎么样去管理物流，并提供一个全程的解决方案。物流的每一段，无论是火车、公路还是仓库，资源和运营的水平都极其参差，有太多不确定性。只有第三方物流才能够把这些服务可靠地整合在一起。那时，翟学魂就在想，能不能通过互联网把货主、车队、物流公司都连在一起。

2006 年之后，淘宝网的订单量呈指数级上升，一些最受行业追捧的第三方物流公司摇身一变成了快递公司。像德邦这样的快运公司也突然进入了拐点式的极高速增长。所有这一切，都和电商及整个分销体系的剧变相关。从此，运输开始产品化了。顺丰这样的公司把小件运输产品化，德邦则把大件运输产品化了。对于快递和快运公司来说，无论是准点率、安全性，还是成本，都需要用技术去精细化地运营和管理。

"所以我们的 G7 平台在快运和快递行业有极高的占有率，"翟学魂说，"前三十名公司，有二十多个是我们的客户。大家非常需要通过车辆的智能化把在途变成标准化的业务。像顺丰和德邦这样每天有上千个航班、班次的公司，如果不能实现标准化管理,就没法玩儿了。物流行业中一批领头公司的成长,也给了我们成长的机会,因为它们需要把基础服务变得更好。"

2014年,翟学魂看到了新的机会——整个运输行业中,快运和快递公司加起来也只占了不到5%的份额。中国有近2 000万台货车,但是将顺丰、德邦这些大公司的货车加在一起,也不超过50万台车,它们大多已经是汇通天下的服务对象。翟学魂意识到,用互联网的方式提升最基层的小车队运营效率,才能提高整个市场的效率。这要以移动互联网的普及为前提,而这个前提已经成熟。

过去,运输行业的规则是货主找一个车队帮他运货,车队又找一个司机帮他开车,货主、车队、司机构建了一个基本的生产关系。翟学魂认为,如果以互联网的眼光打量行业,去掉中间一切不必要的信息扭曲,一个高度透明的信息环境就能让这种生产关系发生巨大变化,"就跟社会制度的变化是一样的"。他觉得,最重要的出发点,就是用大数据来改变货主和车队、车队和司机的关系,用更加对称、更加丰富的信息来使得各方能更好地协作。

"互联网带来的终极可能性是,整个行业可以像一家公司一样运作。虽然是每个人独立自主地在做所有的业务决策,但当他们去采购各种生产要素的时候,可以获得充裕的信息,团结一切购买的力量。"在翟学魂的设想中,一家有一万亿元采购能力的公司，完全有可能重构提供各种生产要素的环境。把低效率的都淘汰掉，只省下优质、便宜的产品和服务。

每一天都在改变基因

"我不太相信一个公司有什么固定的基因，如果有的话，这个基因就是创始人要能够容纳新东西。"

要为海量的车辆提供软件、硬件加服务的方案，对于 G7 平台的运营提出了极高的要求，这不是靠一个想法就可以实现的。B2C 的商业模式可以靠现实的利益打动消费者，而 B2B 的生意，往往会给合作伙伴带来现实的组织阵痛，"需要客户对公司内部进行改造，通过产业互联网提升效率的时候常常伴随着极大的痛苦，企业里有些人原来独占的权利就没有了，这是个新旧力量斗争的过程。"

而对于汇通天下自身而言，现有的竞争优势来自既有客户以及多年沉淀的对行业的了解。但在翟学魂看来，就长期而言，这些都难以被视为竞争壁垒。他觉得最重要的只有两件事——团队和决策方式。

"汇通天下是技术型公司，有三分之二的员工是技术人员，

新商业　新势力：
社会巨变下的创业思路

技术团队的能力决定了它能走多远。而决策方式则决定了它能走多快。如果说所有关于产品的决定都是我做的，随着企业越来越大，面对的客户越来越多、我们提供的产品越来越多，决策就会很缓慢，并难以贴近真正的市场需求。"

翟学魂很认同罗马人的行政方式：一系列的决策由执政官、元老院和市民大会这三种力量不断互动产生。他觉得，这是公元纪年前后全球领域最好的决策方式，因此罗马很长一段时间能够保持对外优势。汇通天下的创业团队都40多岁了，翟学魂说，创业团队一直对互联网心怀崇拜，所以现在主要的产品、业务领导者都是80后。管理团队慢慢明白了，什么事应该更多让80后去做决定，什么事应该40多岁的人来决定。

从过去的服务大客户，到如今服务海量小客户；从过去做软件变成如今以智能硬件为基础，甚至附加了金融服务，"我们每一天都必须改变公司的基因。我其实不太相信一个公司有什么固定的基因，如果有的话，这个基因就是创始人要能够容纳新东西。汇通天下几年前完全没有硬件设计能力，现在有了货车行业的智能硬件，因为我愿意相信一个25岁的小青年。三年中，他每天都在执迷于做这样一个硬件，我相信他做的所有决定。后来他又带了一群人进来，汇通天下就这样有了硬件的基因。如果老板做不到这点，整件事就没戏。"翟学魂说。

7 当大货车变成"0"和"1"

想象力远未到头

在物流行业折腾了十几年之后，翟学魂突然发现，汇通天下明年就可能成为全球规模最大的车队管理平台了。

货运行业中，司机手上每天流动的现金超过1 000亿元，因为每个司机不带上1万元现金是难以出门的，出一趟车的过路、过桥费就需要好几千元。同时，当司机没有及时拿到货主的付款，又不得不去求助于免抵押、免担保小额贷款，"这样的担保在货运司机场站都有，但非常贵，今天借9块，以后还13块。"翟学魂说。

他发现，移动互联网可以改变这些。今年5月底，汇通天下在腾讯旗下的微众银行帮助下发布了一个新产品，使得卡车老板可以不必把钱交给司机，而是在自己的手机上付过路过桥费。司机只需要拿一张卡。过桥之后，老板点支付就可以交纳。

过去，产业金融与产业中的交易场景和业务场景是分开的，"一个人在拉活时是一个场景，去银行去借钱或者去买东西，又是一个场景，二者并不重叠"。所以，这导致了每天有1 000亿元流动资金浪费在司机身上。无论是油、轮胎的使用和买卖，过去都处于完全不连接的状态，"钱"的使用效率也很低。当互联

新商业　新势力：
社会巨变下的创业思路

网产业金融连接进来，上述场景便拥有了巨大的发展空间。

今年5月，汇通天下获得来自腾讯和中鼎的3 000万美元的投资，"我们的上一个机会是依靠快递和快运行业的领袖公司。现在我们有了新的机会，要去提升中小车队的整体经营环境，改变产业里最基本的人和人的关系。一个社会的存续基础就是人和人之间的关系，移动互联网最大的作用也是改变人和人之间的关系。"

在这个思路下，汇通天下一方面正在选择一些城市建设门店，服务当地的中小车队；另一方面，就现有业务场景与金融场景进行结合，包括ETC、油品以及车辆的融资租赁。

在翟学魂看来，G7是一种技术的工具应用，没有"墙"可言，"这意味着，将来若不能成为全球前两名就不能生存。有压力，我们需要在行业内有最高的技术，不断在技术和服务上做投入。"

而全球化也不得不成为汇通天下的未来方向，虽然行动路线还在摸索，但翟学魂感到自豪："物流听起来是一个很土的事，但突然我觉得可以在这个领域内变成全世界最大，便觉得这辈子做做这个事也还凑合。"

在物流行业折腾了十几年之后，翟学魂突然发现，汇通天下明年就可能成为全球规模最大的车队管理平台了。"现在我们做的事，远远超过了多年前的想象。"翟学魂说。

8 微医：互联网医疗的"铁人三项"*

在医疗行业，任何一点突破都可能引起既有利益派的质疑，更何况是一下子推开了一扇门。

廖杰远原本在语音识别领域从 0 做到了超过 400 亿元规模。一次偶然的经历，让他突然决定进入互联网医疗领域。

别人没有成功的事，你凭什么能成功？

故事其实不复杂。廖杰远的小侄儿一次生病，折腾了十几家医院，做了两次手术，结果发现被误诊。廖杰远下决心要折腾一

---

* 本文采访者陈燕，《中欧商业评论》原编辑；潘鑫磊。作者陈燕。原载于《中欧商业评论》2016 年第 10 期。

下医疗，优化医院流程，把医院窗口通过互联网外移出来。他想通过挂号切入，先把样板效应做出来，然后希望能够得到政府部门的支持和推广。

当时，一个投资人听到廖杰远的想法，问了他几个问题：别人没有成功的事情，为什么你能成功？政府机构为什么跟你一个创业公司合作？廖杰远没办法回答。

但事情既然起了头，还是要硬着头皮走下去。廖杰远咬咬牙自己把股份从投资人那里全都买了回来，创立了"挂号网"。在最初的三年时间，没有盈利模式，没有一分钱收入，全凭死撑。

从1家到1 900家 医疗是一个特殊的行业：它传统、封闭，看似坚不可摧，但在内部是相通的。互联网也是一个特殊的行业：它新颖、多变，看似发展迅速，但仍需要与坚实的行业嫁接才有更广阔的生机。

如何用互联网敲开医疗这个行业的大门，找到第一个吃螃蟹的人？

最好的办法就是找到一个熟人，一个尝试的机会。"只要你给我一点阳光，我就在这阳光下面认真地生长给你看。"廖杰远觉得，只能顺着这个脉络裂变开来，才有可能。

于是，他找到了上海华山医院，开始了第一次"认真地生长"。在华山医院做试点的时候,廖杰远的态度很明确:"无论让我做什么,我都干。"他花了 6 个月的时间,把华山医院做成了一个样板,这种认真让医院看到了互联网为医疗带来变化的可能性,在医院体系内部也开始有了越来越多的关注。从上海市华山医院,到整个复旦系医院,再到整个上海,廖杰远耐心地顺着脉络做样板。"剩下的事情就很简单了,把四面八方的人拉到上海,就行了。"

"得三北者成诸侯,得京沪者得天下。"这是在中国市场中屡试不爽的一条商业法则。

2010 年,廖杰远做了 7 家医院,到 2011 年,7 家变成了 190 多家,远远超出了董事会的想象。数字不断扩大,变成了 300 多家,再变成 1 900 多家。凭着这种耐心,廖杰远把医院和患者之间通过挂号完成了原始链接,也积累了过亿规模的实名注册用户。

从患者到医生　一路做过来之后,廖杰远越来越觉得不对劲——网上挂号可以节省患者的排队时间,但好像并没有解决就医的根本问题。他发现,中国看病难的最大问题并不是医疗资源不够,而是资源分布极端不均衡。在中国的医疗体系里面,有一个天生的缺陷:家庭医生的缺失。缺失了家庭医生的首诊环节,患者一旦生病,无论大病小病,多半都跑到三甲医院去挂专家号，专家医生非常繁忙，但实际上大部分问题社区卫生中心的基层医生也能充分解决。

如何通过互联网把顶级医疗资源下沉到基层？那个时候，廖杰远还没有互联网医院，还没有全科中心，还没有医生专家团队，那么就从已有的入手——他手里，有的是患者。

在与地方卫计委开会的时候，廖杰远举手表示，能不能把三甲医院10%~15%的专家号源给到他分配到基层，一般的问题利用基层医疗资源就能解决，复杂的问题也能通过基层找到三甲医院的专家团队。

做着做着，廖杰远发现，这样的方法治标不治本。基层医疗资源品质和专业度的提升才是核心的分级诊疗解决方案。思考问题的角度发生了变化，挂号网自然也就不仅仅是挂号网，2015年9月，挂号网在完成3.94亿元规模的C轮融资之后，正式改名为微医集团。接下来的问题就是，怎样通过互联网，让顶级医疗资源带动基层医疗资源的水平提升？

他继续从"比较开放的又比较熟悉的"专家们开始切入，通过互联网让资深的专家医生和年轻医生之间，不受学科、医院乃至区域的限制，组成一个专家团队。这个团队的协作和科研都通过医生端的App来完成，在这个App上，团队成员可以一起看手术视频，可以一起讨论，可以针对病例进行交流、转诊和会诊。而对于患者来说，线上建立起来的电子病历也能帮助患者更精准地匹配到专家团队。

这样的 App 不容易做，尤其是医生端。从消息的分发机制做起，到视音频的底层算法，都是由微医自己的团队来完成。"做底层真的很累"，廖杰远也不是没想过走捷径，在给张小龙推荐自己产品的时候，他曾想借用已有的微信平台。

张小龙看着廖杰远给他所展示的两款 App，一边吃着快餐一边研究，然后，给廖杰远堵了回来："医生端对你来说有核心价值，并且会越做越深，你一定要自己做，不能用微信平台。但用户端，你可以先利用微信把用户锁进来，然后通过公众号或者应用把用户转到自己的 App。"他告诉廖杰远，这样才是正确的转化路径。

廖杰远尝试下来发现，这样的发展路径确实才是最好的，"别人都在烧钱补贴用户，但我不需要"。

一方面，廖杰远在线上做了充分的准备工作，另一方面，他也清楚医疗服务最终还是需要落地到线下。

"这件事我们先斩后奏了"

从杭州市中心往东北方向，驱车约 73 公里，就到了有着

1 300年建镇史的江南古镇乌镇，出了高速公路后再行驶3公里，有一条并不算起眼的大街，街边两旁的建筑充满着古镇特色，互联网元素在古色古香中若隐若现——互联网生活馆、互联网茶馆比肩而立。

穿过乌镇大桥，大约十几米的地方，有一幢4层古镇建筑，由羊绒厂改造而来，大门上方挂着它独特的名字：乌镇互联网医院。通常，医院都是通壁白色，满脸焦虑的人们在医院的各个角落不断排队、等候、交费、咨询，有种医院特有的药水味道，而在乌镇互联网医院，你见不到任何一个以上的场景。

进门之后就能看到两块电子大屏，左边大屏循环播放着患者在微医平台就医的视频，右边大屏显示着一张中国地图，并实时更新着一组数据：今年累计服务人次、日接诊量、医生人数、专家团队。2016年9月3日上午9时许，这组数字分别是：今年累计服务 279 729 782 人次（这个数字是截至2016年9月挂号网和移动端App微医服务的总人次），日接诊量18 007，医生人数231 885，专家团队7 333。大屏下面有八个蓝色的大字：就医不难，健康有道。

2015年12月7日，在世界互联网大会上，微医在国家互联网创新发展综合实验区乌镇，正式创立了"网上医院"试点，中国第一家互联网医院横空出世。

乌镇互联网医院的就医流程大概是这样的：用户通过互联网完成挂号和预诊，一支线上分诊助理团队帮助用户精准对接到最合适的医生，用户根据提示找到医生进行面诊，后将结果回传至线上，最后再通过线上进行远程复诊。

这是一场将互联网医疗正式落地的试验。这场试验有一个坎坷的出生历程，甚至差点夭折。它几乎是中国医疗体制改革新旧对撞冲突的缩影。

政策是关键推手　这几年来，中国互联网行业一直有一些五代十国的味道，在那些一直以来人们早已形成了特殊消费习惯的领域，比如打车、生鲜、外卖等，彼此争斗得甚嚣尘上，其中有意想不到的成者，也有意想不到的败者。

如果给这些战役的成功者画像，就会发现他们大概有几个特点：第一，有着非常强劲的资本优势，能够持续地与对手进行价格方面的抗衡，打消耗战；第二，具备独有的技术实力，依据独家技术、根据市场需求，开发出新型产品，这种情况大多发生在B2B企业中；第三，能够很好地把握住政策关口，这种把握，体现在既能推动现有政策的改革，也能享受政策改革所带来的市场红利。

而在医疗这个悠扬传统又有点固执的行业，任何一点突破、任何一丝门外的光都可能引起既得利益派的质疑，更何况是一下子推开了一扇门。政策，必然成为其中的关键推手。

事实上，在互联网医院发布前夕，主管部门的内部会议上，支持派和保守派几乎吵起架来。"很不容易，当时正式发布互联网医院的时候，是先斩后奏的。"廖杰远在通过互联网把医生和患者连到了一起之后，发现有一堵玻璃墙挡在了前面，"非常痛苦"。

为什么是微医推开了这堵玻璃墙？

"没有什么先见之明。"到现在，廖杰远依然觉得一切都是自然而然的，"那个时候其实是一个非常大的冒险，不少业内人士都认为互联网医院把整个互联网医疗的进程往前推了至少5年。实事求是地说，能够把玻璃墙推开还要感谢乌镇这个地方。在这个特定的地方我们做了一件顺应趋势的事情。"

廖杰远把事情说得云淡风轻。事实上，乌镇互联网医院成立的时候，他刻意没有高调传播。"我很清楚有80%的可能会被换掉，如果万一关掉，我得保护一下自己。"

不是颠覆，而是服务　　互联网医院的出现算是一种奇迹，在奇迹"存活"之后，廖杰远依然平常心，慢慢雕琢着自己的互联网医疗经济链条。如果说创立互联网医院在很大程度上得益于政策的推动，那么随之而来的问题就是：如何运营？如何管理？如何实现规模营收？如何打通业务链？

廖杰远找到了原上海华山医院外科教授张群华。在医疗行业浸淫了三十多年,从临床一路走来,张群华自己也感受到了很多问题:"原来的情况是,主治癫痫病症的医生看20位病人,可能只有5位是癫痫病人,但如果通过精准预约,这个数字会从5位变成18位。"互联网,恰好能解决医生和患者精准匹配的问题。

即便年过六旬,但张群华喜欢创新,于是他试吃了"螃蟹",担任了乌镇互联网医院院长。他给互联网医院定下的基本策略是:要服务医院、服务医生、服务患者,而不是颠覆。"医疗本身是非常严谨的,有自己的速度,跟互联网是两种不同的基因。这两种基因融合得好,互联网医疗才会有生命力。而真正的融合,就是在互联网平台上,也要做到符合医生、患者和医院的发展规律。"

全科中心 除了互联网医院,微医集团还在坚持做全科中心的线下服务。廖杰远请来了原浙江邵逸夫医院院长何超来主导这件事情。在萧山的一家餐厅,何超与廖杰远第一次聊起了互联网医疗。几次接触之后,何超最终于2016年4月1日加入了微医集团。

他同意廖杰远对于互联网医疗的很多看法,也希望互联网医疗能够"带来一些冲击、实现一些突破",他所主导的全科中心正是想要实现的突破之一。中国现阶段的医疗模式中,家庭医生的环节是缺失的，何超希望能够通过全科中心，通过互联网，打通全科医生与全科医生之间，全科医生与专科医生之间，全科医生、专科医生与病人之间的沟通渠道，在低成本下有效解决医疗问题。

不过，在转入互联网医疗领域之后，他反而觉得有些"不自信"了。这种不自信主要来源于，在互联网介入之后，医生需要适应通过网络的形式来构建与病人之间的信任，需要适应病人通过互联网进行的反馈。传统的医疗模式中，医疗服务都是现场直接指导的状态，而互联网医疗服务的团队形式则完全是另一种状态。在这种状态中，对于满意度、服务质量和安全控制，都需要摸索出一个新的规律。"虽然服务对象是一样的，但方式完全不一样。"何超说。

何超还提到了区域互联网医疗的概念。在他的构想里，互联网如果能够把三甲医院与周边医院之间、周边医院与社区服务中心链接起来，就能够形成一个医联体。无论是通过线上服务，还是线下服务，都能够帮助该区域的患者就医。

铁人三项

在互联网医疗这个领域，任何一家企业都不可能仅靠资本或

8 微医：互联网医疗的"铁人三项"

营销就能取得成功。如果从整个行业的角度来看，临界点究竟在哪里？

廖杰远一直在思考这个问题，马化腾告诉了他答案。在一次饭局上，他与马化腾找了一个角落，喝了两个小时的酒，不停地探讨临界点的问题。"互联网医疗的临界点，有几个很重要的数字：1%、5%、20%、60%。当互联网上产生的交易额达到整体交易额1%的时候，即表明冰山已经有了裂缝，这个临界点会在明年出现。"廖杰远回忆道，"马化腾认为，从1%到5%一般不会超过3年，从5%到20%也不会超过3年时间。"

廖杰远对于微医在行业中的位置很有信心。因为在实现规模营收方面，他早就想好了一套路子。"如果你现在还在讨论盈利模式，只能说明你还在这个行业的外面漂。生意的本质千年不变。"

这种信心来自对互联网医疗的深入了解。医疗的痛点不止一个，采用单点突破的方式显然无法把医疗完全做通做透，廖杰远决定走了"铁人三项"：医、药、险。在完成C轮融资之后，从2015年9月至今，廖杰远一直致力于走好这个"铁人三项"，微医的业务链开始逐渐成形，并初具规模。（图8-1）

医 中国目前的医疗问题集中体现在供应能力方面，如何通过互联网的方式把医疗的供应能力组织起来？互联网医院正是廖

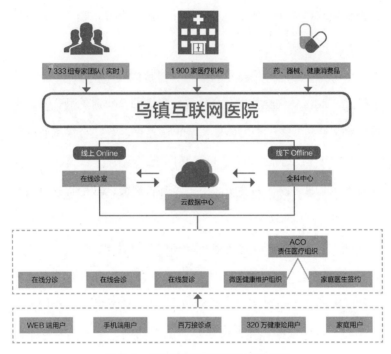

图 8-1　微医集团对互联网医疗的规划

杰远推出的典型解决方案。既能把优质的医疗资源下沉到基层，也能让对老百姓的服务从被动医疗到主动健康。

为了更好地让优质的医疗资源下沉到基层，除了做好团队医疗和全科中心，廖杰远还看上了复诊这块蛋糕："在全国一年76亿人次的门急诊量中，有超过40亿人次都是复诊。"复诊大多并不需要花费太多时间就能完成，但在传统医疗模式中却需要耗费非常多的时间和空间成本，互联网能够完美地解决这个不对称问题。

"不过,互联网医院,一家就够了。"在廖杰远眼里,各个省的互联网医院都是分院,"这样才能把数据打通"。2016 年,他的目标是开到 32 家分院。

药 廖杰远在药品市场也看到了自己的机会。原先药品的两端,一端控制在生产商手里,另一端则在渠道手里,他觉得这两端都有压缩的空间,觉得可以从生产商直接到消费者。在消费者这端,他能够通过互联网直接看到全面的消费大数据,这在过去厂商是无法获取的。因此通过互联网,廖杰远采用了反向定制,把药品的价格大幅度做低,从而形成一个新的消费通道,对原有的市场产生侵蚀。

在医和药这两块中,廖杰远还有个算盘,到 2016 年年底,"你会发现中国大多数药店都会接上互联网医院。当药店接上互联网医院之后,就不仅仅是药店了,再加上一些基础检查设备,药店就变成了药店+门诊部。"他想打出一个既合规又漂亮的"擦边球",最终的数据依然归结到有资质的互联网医院,最终的诊断也依然归结到有资质的专家团队,但药店的终端价值显然已经升级了。

险 在廖杰远的最终规划中,保险这一块,才是最主要的营收来源,微医平台也要成为"全中国健康险公司的医疗服务平台"。他很清楚，医疗服务本身并不会有太大的盈利，但这块业务做好之后，才能对后面两项业务产生更大的利润支撑。在医疗供应能力得到解决之后，健康险最终会成为主要收入来源。

在美国，有一家最大的医疗集团，也是全球医疗典范——凯撒医疗集团。它将医疗保险与医疗服务集成一体，在疾病预防、健康管理等方面具有优势，更以低成本、高效率的运行模式著称。凯撒集团也正是微医的对标对象。在互联网医疗领域，廖杰远想要做的，就是把互联网的凯撒模型跑动起来。

2015年，微医集团一共实现了超过1亿元的营收。在2016年，他开始尝试把医药险的业务链跑动起来，虽然链条还没有足够完善，但实现8亿到10亿元的营收应该没有问题，到2017年，"做几十亿的营收应该是可以的。最主要的是方法对，路不能走错"。

左手武当剑，右手少林棍

互联网和医疗，其实是两条完全相反的路：互联网开放、免费、自由，医疗则是严谨、昂贵、保守。"就好像是两套武功，左手武当剑，右手少林棍，当两套功夫碰到一起的时候，还能玩得转，互联网医疗就做起来了，但这个过程很难。"

行业如此,团队也如此,医疗、互联网,甚至还有保险,这几个截然不同行业的团队成员,究竟如何才能融合到一起?

廖杰远早就预想过矛盾的存在。在团队刚刚进入公司的第一天,他就会打好预防针,避免思维模式的差异导致团队成员在判断、表达和解决问题等方面的冲突。"就好像是一枚硬币,在硬币这一面的人不懂硬币的那一面,同样在硬币那一面的人也不懂硬币的这一面,所以一定要学会换位思考。"

在引进团队的时候,节奏非常重要,"要一层土一层土地夯实好"。在新成员加入的时候,需要给予足够多的关注和跟进。有点像翻译的角色,一方面要帮助新成员用别人能够听得懂的语言去表达、去交流,另一方面,也要让团队的其他成员能够理解新成员的意愿。

微医团队吸收了各个领域的不少资深人士。当这些资深人士进入团队的时候,廖杰远都会安排他们利用晚上的时间,给其他成员开一个讲座,让其他成员感受不同人的思维方式和表达方式。

但矛盾依然是不可避免的。当争论甚至争吵发生的时候,廖杰远也不着急,把双方聚到一起来分析问题,这个时候,最初的硬币效应就有了很大的启示作用。"其实最重要的是让团队之间互相拥有成就感。"廖杰远解释道,要让做医疗服务的团队与做互联网运营的团队之间互相看到对方所擅长的地方,取长补短。

微医团队的很多高管,在谈到廖杰远这位老板的时候,最为钦佩的一点是,廖杰远不仅对于医疗服务本身的痛点抓得非常准确,对互联网也理解得十分透彻,对于接受新的理念、方法和知识,"他很有办法"。

9　上海百事通：法律界的 Uber？ *

当法律搭上互联网这班车，生意究竟能怎么做？

律师这一职业，可追溯到古罗马时代。作为一种舶来品，它进入中国却不过一百多年的时间。上海君和律师事务所合伙人李想这样描述了律师的职业："律师在西方这么多年的发展，其实是换汤不换药。科技在更新，工业在更新，商业模式在更新，律师事务所就像一个平静的湖面一样，不起波澜。"

不起波澜的原因，与律师这个职业本身的特点分不开：严谨、干练、专业度极强、一丝不苟、人工作业度较高……因此在互联网和移动互联网浪潮迅猛袭来的时候，法律似乎一直站在自

---

* 本文采访者罗真、陈燕。作者陈燕。原载于《中欧商业评论》2016 年第 12 期。

己固有的领地，保持着固有的方式和节奏。

在这个行业，出现了这样一家创业公司：累计融资的额度相当于这个行业里从第 2 名到第 20 名的总和；每年在新业务方面的投入，相当于这个行业里其他公司的融资额。这就是成立于 2006 年的上海百事通信息技术股份有限公司。

这家公司，是冯子豪与另外两位联合创始人夏振海、潘勇一起"误打误撞"出来做的。没有任何法律背景的他们觉得，看起来高高在上的法律，与普通消费者的实际需求之间好像有挺大的差距，"不就是一个工具吗？没必要这么不明觉厉吧"，于是开始做起了上海百事通，由冯子豪担任 CEO。

艰难首战

那时候的冯子豪觉得自己能够改变这个世界，他看到了市场上的空缺，很是兴奋，觉得"大众需要这些，我们要快速做起来"。深受星巴克董事长、CEO 霍华德·舒尔茨的影响，他有着浓厚的理想主义情结，认为这是能推动现代社会进步的事情，是能让整个社会更快良性运转的事情，自然要去做一做。加上冯子豪参与创建的第一家公司已经上市，他信心满满地提枪冲上了战场。

9 上海百事通：法律界的Uber？

7×24小时法律服务 法律问题需要咨询，咨询就意味着互动，注册了上海百事通之后，他试图通过通信来嫁接客户，打通律师和消费者之间的通道，却发现问题并没有得到解决。"律师是用恐惧来收费的，这种恐惧式的消费通过电话来进行，用户为什么要相信你？信任让问题变得越来越复杂，做着做着发现快死了，就赶紧调整方向。"

于是，冯子豪做了第一个重要的改变：律师必须到上海百事通的呼叫中心来接听电话，按小时付费给律师，不能私下接案。如果遇到无法即时解决的案件，上海百事通会把案源集中起来，转给经筛选的合作律所，不收取任何费用。这种模式把为用户解决问题放在了核心位置，把原本事后诉讼的重度部分向事前咨询迁移，消除了用户获取服务和律师获取收入之间的直接矛盾，同时也为律所带来了案源。

这其实已经改变了交易结构，是"新的交易结构的安排"，当时在业内还无法找到对标对象，冯子豪只能带着团队不断试错。为了让用户体验做到最方便，冯子豪定下了7天×24小时的服务时间。但问题随之而来：平时有各自主业的律师们，每天能够来坐班的时间并不固定，如何才能把呼叫中心的时间安排妥善？

事实上，类似于自由职业者，除了助理类职位之外，律师与律所的关系相对松散，这个职业特点决定了大部分律师能够自主支配工作时间，利用碎片化的时间与上海百事通进行合作。在上海，上海百事通建立了第一个呼叫中心，随后，南京、广东、北京、深圳、新疆等五个省市分别有了规模不一的呼叫中心。

李想是一名律师。当他第一次听说有公司在律师中做起了"互联网+"模式的时候，吓了一跳，"没法理解怎么能这么做"。不过，出于寻找业务共赢和学习的考虑，李想还是进入了上海百事通。他发现坐班时间段的安排非常灵活。

"刚开始的时候我经常挑下午4点至晚上9点的班次，放弃了晚饭的时间来坐班，有的律师会选择上午7点至12点的班次。尽可能灵活排班，把碎片化时间最大程度地利用了起来，我觉得这是上海百事通前期产品的最大亮点。"对于到呼叫中心坐班，李想从不理解到成为习惯，甚至推荐了自己律所的不少律师来上海百事通。

上海百事通联合创始人、董事夏振海对于这点也非常自信，"如何排班、如何调峰、如何应对呼叫高峰期，这是一套复杂的大规模服务运营，我们每天的排班班次高达9个班次甚至11个班次，这种运营能力也是我们前期阶段的秘密武器。"多年的经验积累下来，律师通过电话完成交互咨询的成本下降了70%，"我们的运营效率远远超越了传统、纯粹的客服行业，更何况我们是专业服务。"冯子豪表示。

目前,上海百事通与全国大约3万名律师、逾3 000家律师事务所展开了合作,每个月与约3 000名左右的律师产生业务往来,平均每天有超过300名律师在上海百事通工作。其中合作频率较高的律师每个月能够从上海百事通获得数千乃至数万元不等的收入。

打破定价模式 凭借积累的资源和渠道,上海百事通的品牌在律师界越来越响,对原有的模式所带来的冲击也不仅限于律师的接案模式,还包括定价模式。

在原先的定价模式中,定价权掌握在律师一端。同一个案子,不同的律师报价可能相差几千上万元,"事实上,一旦将'拆解'海量案件而形成的大数据智慧,用于个案的处理,大部分案件的结果,就几乎与请哪一位律师关系不大了。"李想表示。

互联网的共享特质,将法律服务的定价问题从一种"说不清、道不明"的状态拽向了完全透明的另一端,挤压掉了大量的定价水分。

所有这些变革,都与传统理念产生了冲突。有一位律师甚至指责上海百事通"是对律师行业极大的挑衅",冯子豪带着团队不断去和律师群体沟通:"在我眼里,任何技术、任何专业都是为客户解决问题，法律的价值正是在于解决问题，在于帮助客户维护权益。"

一些在业内颇具规模的律所也想模仿上海百事通的模式，成立网站进行电话对接咨询的服务，"但他们无法将两个身份，即律师身份和平台运营者身份划分清楚。不能既做运动员又做裁判员，只有将这两个角色泾渭分明地划分开来，才能做大。"李想并不看好业内的一些跟随模仿。

越过山丘

互联网思维这个词似乎有种想当然的迷人气质，让企业不再从传统的眼光去审视市场需求，而是想要去创造需求。加上资本的外力推动，互联网简直成了一个无所不能的武器。逐渐地，上海百事通也动起了移动互联网的心思。

冯子豪想要开发出一款基于移动客户端、能为用户提供便捷且价廉的法律咨询服务 App。在 2014 年 1 月 19 日，技术背景出身的张博加入了上海百事通，此前，他在土豆网、大黄蜂打车等互联网公司积累了不少技术经验。

移动法律服务 App 张博带队迅速组建技术团队，鸡血满满地把法律服务 App 做了起来。通常，人们在想要努力做成一件事情的时候,总是尽可能地考虑周到、尽可能地计划周详,张博他们也不例外。如何找到适合自己的律师?如何与之建立信任关系?如果利用互联网,把双方的信息标准化、公开化、透明化,让用户在使用服务之前就可以产生比较客观、具体且深度的感知,信息不对称就能被有效消除,这也是上海百事通的移动法律服务 App 最核心的价值所在,即产生交易信任。

在 2015 夏季达沃斯论坛期间,张博带领主创团队发布并演示了从下载到获取法律在线服务的整个过程。用户可以随时下单,选择相关问题分类,如婚姻家庭、合同纠纷等,众多经过认证的专业律师抢单之后,用户可根据自身需求选择合适的律师进行咨询。

对于这款法律服务 App,李想给出了这样的形容:"这在以前是不可思议的事情。"甚至不少业内人士开始模仿,但都不算成功。在 2016 年 6 月之前,上海百事通移动法律服务 App 的用户保有量达到了近百万,日均咨询订单达到数千单,平均订单的接单响应率为 98.8%,响应时间在 30 秒之内。

尴尬的运营转化率　数千万元的成本投入到了移动法律服务 App 上,随之而来的不是想象中的成功,而是尴尬。这个尴尬通过一个数字流露了出来,即实际运营转化率。尽管有日均数千单的咨询量,但最终真正转化成业务委办的转化率,却离想象中的数字相差甚远。按照实际运营转化率来测算，如果想要达到一个万级、十万级乃至百万级的委办量，就需要有百倍乃至千倍左右的前端咨询和一个巨大的用户保有量，所需投入的成本一下子就变得无边无际。

反过来看，在上面的整个逻辑中，其实并没有什么不妥的地方，也正是因为这个逻辑看起来足够完美，以至于当预期中的结果并没有出现的时候，他们自己也觉得意外，才恍然意识到，这个逻辑并不是独立存在的，而是依存于市场的需求和用户承受度。

这是一个需要深究的话题。市场需求并非不存在，此前多年的电话咨询服务经历显然已经证明了这一点，但是打电话只是第一步，随之而来的问题是，用户为什么会打这个电话？他们希望得到什么结果？

这与法律服务本身的特点有很大的关系。法律服务虽然是刚需，但属于低频消费，又需要足够的专业度来支撑。这种需求与打车、外卖等不一样，它是不可预见的，是无法创造的，也是不可持续的。很多用户打电话只是简单地为了明确自己面对的究竟是什么样的问题，到了真正解决问题的阶段，普通C端消费者对于成本会非常敏感，想要追求高委办量，就必须成倍投入，"这不是一家公司的成本能够扛得住的"。

9 上海百事通：法律界的Uber？

开始转舵

如果C端市场还不成熟，那么接下来应该做什么？

从C端转B端　冯子豪想到了企业法人。企业的法人代表是天然的法律产物，对于法律的需求显然要比C端消费者高很多。于是从2009年开始，他就带着团队开始跑街，到园区一家家上门去推广。

"他们很愿意听你讲，但是听完了并不愿意付费。因为对于他们来说，最急迫的是生存。"做着做着，冯子豪发现中小企业的生意也很难做，很多企业想用但是负担不起成本。这条路越走越慢。走到2012年，冯子豪开始对客户的定位重新做了思考："当个人或中小企业的法律意识、需求意识只有5%～10%的时候，实际上这个群体并不是一个成熟的客户，而成熟的客户，如大型企业，自身都有法务部门，好像又没有生意可以做。"

切入点究竟在哪里？换句话说，哪里才是纠纷最多的地方？

冯子豪把目光投向了大型的电商平台。

在这样的平台上，有千万级的卖家和亿万级的消费者，每天发生在这个平台的消费纠纷不计其数。面对这样重量级的B端客户，冯子豪刚开始觉得，"只要能合作就行"，形式并不重要。

事实上，上海百事通与某大型电商平台的合作也是一波三折。一般来说,大型企业各自设有自己的法务部门,如果有特殊的案件需要处理,大多也是倾向于寻找大型的律师事务所进行合作。如何获取它们对于自己平台的信任?只能靠耐心等待时机。

转机出现在近两年,随着电商行业的飞速发展,该平台上的法律纠纷也成倍增长。从2015年初,上海百事通开始与该电商平台进行合作,与以往蜻蜓点水式的合作不同的是,这次这一电商平台寻找的是真正意义上的法务合作。

上海百事通联合创始人潘勇详细介绍了上海百事通为该电商平台所提供的解决方案——SaaS法律服务平台(图9-1):由于大量案件分布在全国各地,需要有一个系统平台对于这些案件的前期准备、应诉材料、出庭辩护等一系列工作进行运营和管理。

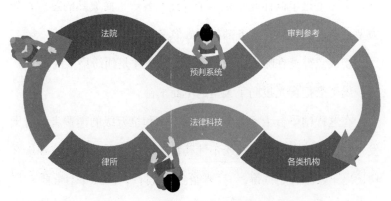

图9-1 可供多角色协作的法商SaaS平台

这个平台提供的，不仅是简单的信息匹配和对接。案件发生之后，由具备法学背景的运营团队进行预判，分析案件的类型、当地最合适的律师、当地接案的法庭主审法官的习惯与倾向、关键的案情要素、抗辩的关键点等，这一系列工作都构建在一个沉淀了上海百事通十年的法律服务经验和十年的案件大数据的多角色协同 SaaS 平台上。从发生到结案的整个过程，上海百事通的团队会配合律师、公证等泛法律服务提供者进行大量的运营工作。

得益于大型电商平台自带的巨大流量，此前在 C 端消费者中所遇到的量级问题得到了完美的解决，局面一下子被打开。冯子豪突然发现，自己的梦想就是实现大规模法律服务交互的可能性，而这家大型电商平台给予了这样的机会。

于是他又一次投入了数千万元的成本，花了一年的时间，搭建起了这个定名为"法商 SaaS 平台"的生产系统，"把法律服务用软技术建成流水线，变成一种工业化的思维来生产。"

如何理解这套法律服务的工业流水线？

把大象放进冰箱 在逻辑学中有一个经典的问题：把一只大象关进冰箱需要几步？而上海百事通针对法律流程所做出的拆解，与这个问题的答案也有异曲同工之处。看似复杂精细的法务流程，冯子豪他们硬是用工科的思维，做了产品的流程拆解。他找来了技术、法务和运营交互这三个团队，其中技术团队建立生产线，法务团队把流程进行标准化解构，运营团队负责落地环节的调度。往往一起诉讼案件能够拆解到几十个环节，拆解工作由产品经理与法务一起来完成，而环节中涉及的法律文本，如答辩词、抗辩词等多达上百种，上海百事通的团队将这些文本全部进行了数据化、模板化。

这也是上海百事通的另一个秘密武器，将技术与法律紧密地结合在一起。冯子豪、夏振海、潘勇等三个人的理工科背景出身对此影响颇深，他们硬是用知识工程的办法把法律存在于脑力作业和纸面作业的内容，用技术语言将其拆解成不同的环节，进行到最大程度的颗粒化和标准化，冯子豪把这条生产流水线定义成了"福特T型车的诞生"。

尽管为此投入了大量成本，冯子豪依然下定决心做了这条生产线的投资型研发。"要相信工科男改变世界。"这是冯子豪、夏振海和潘勇三人在采访过程中提到次数最多的话。

这条生产线对于法律领域的影响，体现在了大型企业的业务端。此前，大型企业一般会配备一个自己的法务团队，同时也与大型的律师事务所进行合作，花费大量的人力、物力与分散在全国各地的律师沟通案件。而上海百事通这套可多角色协同的法律服务"生产线"，以规模化、精细化、可视化的处理方式，能够让企业用最低的成本、以最高的效率处理案件。

9 上海百事通：法律界的Uber？

在2016年年初，"大B"重点业务板块的战略被最终确定了下来。过完年没多久，一张印有各大公司名字的"法宝大航海时代英雄榜"被张贴到了冯子豪的办公室门口，在这张英雄榜上，各大金融、汽车、在线旅游等自带流量的公司赫然在列。

春江水暖鸭先知 "春江水暖鸭先知。"这是任正非在华为的出征大会上对员工发出的号召。在这一点上，潘勇的敏感度非常高，于是他被派以专门与大B客户打交道的重任，并多了一个头衔：首席客户官。

潘勇每天都会去跑客户，"泡在水里，感受温度"。客户提出的要求和想要的期望值，潘勇都会一一反馈给团队，知道了人家的需求，才能帮助其解决问题，"大B这块业务，与客户谈的时候，一谈一个准。"潘勇表示。针对每个客户，上海百事通都会先找到一个业务切入点，如案件管理、清收、主动维权、在线签约公证等，让合作先跑起来。

如果从财务角度来看，大B这块业务，至少到目前为止，并不是能给公司带来收益最高的部分，但上海百事通看中的是它带来的业务能力和资源积累。潘勇这样理解目前的法律服务："现在的法律服务是生产资料，而不是生活资料，我们给大B客户提供的都属于生产资料。随着社会发展，消费者在法律方面的意识和需求越来越强烈的时候，生产资料才能变成生活资料。"到那个时候，C端消费者的市场需求开始成熟，而上海百事通已经借助大B客户的市场需求，积累了丰富的应对经验。智能化方向是冯子豪接下来的投入重点，他希望三到五年的时间之内，上海百事通的智能化程度会达到50～60分。

※ ※ ※ ※ ※

十年走下来，在不断地尝试和试错中，上海百事通打造出了一个互联网+法律的业务模式。尽管这也让他们自己花费了不小的代价，但由于有着赚钱的当家业务，这些尝试算是交了一些学费，让冯子豪对于中国消费者的法律市场认知更为深刻。

在冯子豪的办公室，放了大约有2 000本书籍，其中三分之一都与法学相关。"不客气地讲，法学院学生读过的书，我都读过，他们没读过的书，我也读过。"工科背景出身的冯子豪、夏振海与潘勇三人，不停地学习法学知识、接收新的动向，但他们依然感到焦虑：学习的焦虑、快速迭代的焦虑和创新的焦虑。

冯子豪觉得，"一招吃遍天下"的商业时代已经过去了，只有不断地尝试、不断地创新，才能提高自己的竞争力，每年，上海百事通在创新项目上的投入，都相当于整个行业全部加在一起的投入。"过往的任何一笔投资，其实都是没问题的，都是奠定未来大厦的基石之一。"

第三部分
大变局中的转型标杆

10　猎豹三变*

凭借不被看好的安全清理类工具产品，猎豹移动顺利出海。接下来的考验是，它能否真正解决变现难题？

谈及当下国内互联网公司的"出海"热潮，猎豹移动已是标杆性的存在。2016年1月，猎豹包下一艘豪华邮轮，CEO傅盛带着2 000多名小伙伴，在海上举办了一场6天5晚的"土豪"年会，主题即为"起航：开启中国互联网大航海时代"。无疑，猎豹移动已经成为名副其实的国际化公司，据今年3月发布的2015年第四季度财报，其海外收入占比超过50%，移动收入占比超过70%；全球移动端的月度活跃用户规模达6.35亿，78.6%

---

* 本文作者罗真、潘鑫磊。原载于《中欧商业评论》2016年第5期。

来自欧美为主的海外市场；2015年总收入接近37亿元，连续5年增幅超100%。

猎豹很年轻，却因创始人傅盛的过往，出生即身陷江湖缠斗。傅盛说，"公司本质上是创始人意志力的一种体现"。血海中爬出的他危机感极强，造就了猎豹对竞争环境的高度敏感，三次迅速而坚决的战略转型即是明证：先是力推杀毒产品永久免费，从传统安全软件公司转型为采用免费战略的互联网公司，在国内赢得生存空间；2012年，悄悄出海，凭借以猎豹清理大师为核心的工具产品矩阵在全球获得海量用户；进行中的第三次转型围绕商业化展开，试图解决工具产品的变现难题。

边缘中的边缘

"打海外之前，我们对战略的思考是不够的。后来再看，之前的很多战斗其实是消耗战。"

出海是傅盛提出的，说他有战略眼光不假，但很大程度上也是国内的竞争情势所逼，傅盛称之为"恐惧"的力量："当时在360强大的炮火之下，你很容易成为行业的笑话，所以你得往前走。走到一定程度就从自发变成了自觉。"

决定出海的 2012 年,猎豹其实已经渡过了最困难的关口,甚至可以说颇有起色。主打产品金山毒霸有 5 000 万日活跃用户,6 月推出的猎豹浏览器表现上佳,通过导航模式能有不错的收入。虽然发展稍慢,但方向绝对不能说错误。

所以,当傅盛 7 月在硅谷突然跟几位副总裁提出国际化这个"大战略"时,包括徐鸣在内,"所有人都崩溃了"。

徐鸣现任猎豹总裁,彼时任公司 CTO,是傅盛的老拍档,从奇虎到可牛再到猎豹,两人始终在一起,算得上公司最懂傅盛的人。但即便如此,突然听到要"国际化",徐鸣仍感突然。"现在觉得有这样的想法很牛,问题是当时你从来没出过国,英语也不好,怎么国际化真的是不懂。"从硅谷回来后几个月,傅盛发现待在国内搞不定国际化,便有了徐鸣跟 CMO 刘新华的年底硅谷之行。在硅谷实地考察一个月后,徐鸣他们觉得这事能干,就从 Google Play 这个覆盖全球 80% 市场的安卓应用商店入手。

出海之前的猎豹只信奉努力和汗水。2010 年 10 月,傅盛与徐鸣创办的可牛公司与金山安全团队合并为金山网络,与对手进行了多次"艰苦卓绝的战争"。他们在产品上下足功夫,做出了一系列创新点,比如金山毒霸的"网购敢赔",再如猎豹浏览器的春节抢票功能,但结果只能算是差强人意。

"打海外之前,我们对战略的思考是不够的。后来再看,之前的很多战斗其实是消耗战。"徐鸣说,"安全、浏览器……每个点我们都在使劲打,但打到最后你发现,虽然有效果,但都达不到预期。那段时间我们陷入了深深的自责,带着兄弟们反复冲反复杀,却没有很好的结果。"

彼时,没人清楚未来猎豹要做成一个什么样的公司,清楚的是,猎豹还不是一流的移动互联网公司,这让他们痛苦。而痛苦的结论就是,"只是更努力不行,一定要有大的改变"。

因此,国际化的想法看似冒进,实则必然。团队开始认真思考仗到底应该怎么打,最后作出两个判断:一是要寻找一个别人都看不上的边缘市场投入,只有这样才有机会;二是不要太迷信宏观,相信做好一件小事就能改变世界。

最终,猎豹瞄准了海外工具市场。"海外虽然是大市场,但对于我们这样一个中国创业团队来说,就是一个边缘市场;海外工具又是边缘中的边缘,移动时代起来后,大家都想去做社交、游戏、电商,没人看得上工具产品。既然海外工具市场没人看得上,我们又擅长,那就做。"徐鸣说。

一把扫帚打天下

清理工具这么一个简单的东西如何建立门槛？200 人的团队就是最大的门槛。

战略既定，还需要一个破局点。

最初，积累更深的电池医生被寄予厚望，但 Google Play 里的搜索关键词排名和上线后的下载数据，却一致倒向了三五个人做起来的清理大师。

甩开对手，需要战略的坚决度。与当年"砸锅卖铁做毒霸"时狂砍产品线如出一辙，2013 年 7 月，傅盛力排众议，最终决定停掉电池医生等其他一切项目的新研发，集中全力做清理大师，原本几个人的队伍增至一两百人。

靠一个单点打天下，极致是必要条件。清理工具这么一个简单的东西，如何建立门槛？200 人的团队就是最大的门槛。

最初团队也不理解要这么多人到底干什么。有人提出不想只做清理、加速这样简单的东西，要做一些高大上的功能，一次次被徐鸣打了回去。反复琢磨后，徐鸣提出了一个硬指标：竞争对手清理完之后，清理大师还能接着清理；清理大师清理完之后，竞争对手就清理不到东西了。

为此,团队做了一个云端系统"App Cloud",把数百万款App下载到本地,在后台模拟运行,寻找每款App的垃圾在哪里,行为如何,在安全、耗电等方面存在什么问题。安卓是一个开放体系,很难对所有App的行为严格管理,清理大师要做的就是揭开这个"黑盒子",细致记录App的行为,"跟全球程序员的坏习惯做斗争"。他们甚至为微信找到过两次较大的问题,对方还专门写过感谢信。

产品要想赢得好的口碑,还必须重视用户反馈。徐鸣给团队提出了两个要求。

第一,必须以用户的语言回复,即人家用葡萄牙文反映问题,就必须用葡萄牙文去回复。为此猎豹总共用过31种语言。用户真正感觉被重视,必然会对你另眼相看。渐渐地,猎豹拥有了一个庞大的用户粉丝团,甚至后来某些对用户的回复都由粉丝帮忙翻译。

第二,用户评分在3分和3分以下的,必须15分钟内给出回复,还不能打官腔(表示感谢、以后会改,这样的回复都不合格)。为了尽可能搞清每一个问题,清理大师团队不仅针对性地远程帮助用户检测手机,甚至曾要求用户寄来坏掉的手机以供研究,给对方买新机作为补偿。

这些努力有没有效果,数据能说明问题。清理大师的Google Play用户评分曾长期稳定在4.8分,如今已拥有数亿用户规模,评分也在 4.6 分以上，表现超过 Facebook、Whatsapp 等超级 App。2013 年 1 月，清理大师月活跃用户 100 万，2014 年 5 月上市前夕达到 1.4 亿。

猎豹的出海是悄悄的。猎豹清理大师 2012 年 9 月诞生，没在国内发布，直接瞄准 Google Play 做英文版。

"我们怕被大公司盯上，没有围绕清理大师做任何宣传。我们当时天天在国内说手机毒霸如何好，然后在海外拼命做清理大师。如果没有这种对竞争的敏感度，我们恐怕早就死了。"当时负责市场的猎豹移动高级副总裁肖洁说。

直到 2013 年底，一位猎豹爱好者自行推出了汉化版本，竞争对手也已经启动全球化进程，这个图标为蓝色小扫帚的产品才开始被国内大众知晓。而此时，其全球用户已超过 1 亿。

随后，以清理大师为核心，猎豹又相继推出 CM Security、CM Launcher、CM Browser、CM Locker 等一系列产品，构筑起了强大的工具产品矩阵（图 10-1），在一年时间内实现了全球用户的大规模获取。上市前夕，猎豹的月度活跃用户超过 2 亿，有 4 款产品在 Google Play 的非游戏移动应用中排名前 50。

2014 年 5 月 8 日，猎豹在纽交所挂牌上市，交易代码为"CMCM"——猎豹移动（Cheetah Mobile）和猎豹清理大师（Clean Master）的首字母缩写。

图 10-1　产品矩阵示意图

一个没人知道答案的命题

相对于用户获取，商业化是更大的挑战。

用户有了，怎么赚钱？面向 C 端（消费者）的工具产品如何变现是一个普遍难题，甚至仍谈不上有明确答案。不少红极一时的 C 端工具无奈之下转向 B 端（企业）以获取收入，印象笔记等明星工具产品至今仍在苦苦挣扎。

因此，当肖洁被傅盛指定负责猎豹的全球商业化时，她的内心也是崩溃的。"以前一直做市场，突然要去做商业化，很崩溃。而且国内商业化还没做好，突然去做全球的商业化，更是很崩溃。"但傅盛的风格是说一不二，肖洁就此开始摸索猎豹的商业化路径。

破局 上市可以视为猎豹商业全球化的起点——每季度一次的财报发布使商业化变得迫在眉睫。

互联网产品变现的核心模式不外乎广告、游戏、电商、增值付费等几种，猎豹一度在广告和游戏之间摇摆。一段时间后，游戏变现被否定。"全球性的游戏其实是比较少的，日、韩跟美国玩的游戏就非常不一样，区域文化差异很大。如果一开始就去做区域性的游戏发行，没有办法支撑起我们的收入要求。而且游戏还必须考虑本地发行、本地文化等很多事情，相对而言是一种比较复杂的变现模式。"肖洁说。

发现广告可行，是一步步试探的结果。猎豹在获取全球用户的阶段，曾寻找各种渠道进行产品推广，在这一过程中发现很多新创的小移动广告公司成长非常快，推广效果也很好。傅盛信奉"现象即规律"，思考一段时间后，感觉移动广告也许是海外变现的破局点。

但广告行业有着一套成熟的玩法，不闯进去根本摸不清门道。猎豹团队从头开始研究，究竟什么是移动广告，为什么海外移动广告市场有各种平台，并进行各种尝试。

2014年10月，Facebook正式开放跨应用移动广告网络Facebook Audience Network，支持广告主基于用户在社交网络的相关信息，在不同应用中识别用户并针对性发放推广内容。猎豹拿一个小产品在上面试了一下，发现同等位置上的收入是谷歌移动广告平台 AdMob 的 3 倍。傅盛看到这一数字很吃惊，立刻推动全公司产品都上了这套系统，结果猎豹一举成为 Facebook 的第一大流量提供商。

看来，广告变现是可行的。

流量 确定从广告入手进行突破后，挖掘流量成为首要任务。尽管猎豹产品的活跃用户数很大，但有用户不代表有流量，需要设法构建推送场景。"原来是清理完用户就走，不发生任何其他的交互，这样的产品模式是没办法给广告提供空间的，需要想办法让用户用完工具后再看一下你的广告。"

工具产品与 Facebook 这类社交软件不同，后者可以产生无限信息流，可以放很多广告；工具产品使用时长有限，空间也有限，广告如果推送不当，很容易影响用户体验。

肖洁跟产品团队一起琢磨，工具产品的广告场景应该是怎样的。起初很多尝试被证明是拍脑袋。比如他们曾在产品页面的右上角放了一个商店入口，本以为顺理成章，却发现用户根本不会把它当成功能入口，新用户出于好奇会点一下，但不会形成习惯。反复尝试后，一些有效的流量场景被发现，结果页就是其中之一，即在用户清理完之后的页面推荐内容，让用户有所停留。

"这是一个瞬间,你解决完了一件事情很开心,也有空余时间看一下新闻或其他内容,包括就推荐的广告进行消费。"

2014年5月到2015年初,肖洁团队的工作重点就是挖流量。他们与产品团队一起构建流量场景,接入合作伙伴,渐渐开始接单子挣钱。公司内部此时也明确了,移动广告就是猎豹未来核心的变现模式。

团队 路径明确了,团队成了棘手的难题。

首先,让原有的产品团队认同广告对用户体验没有那么大的伤害,本身就是一件很难的事情。猎豹的基因是做用户产品,要在产品上做广告,产品团队会本能地抵触。

肖洁要做的第一件事,是提升公司内部对商业的理解和认知。"我们告诉大家,商业不等于赚钱,也不等于伤害用户体验。商业本身是一套生态系统,是买方卖方撮合交易的过程,只有需求匹配交易才会成功。而需求越匹配,就意味着越不会伤害用户体验。"

组建商业团队的过程更是痛苦。开展海外商业化之前,公司里没人谈商业,连广告行业里非常基础的 CPA(Cost Per Action,每次行动成本)概念也几乎没人知道。做商业的人进来后水土不服,工作很难推动。

另外,由于猎豹的全球商业化模式没有先例,需要大量试错，不仅花费时间，还常常影响士气。肖洁曾从自己工作过的百度招来一支团队，结果半年内纷纷离职，理由是"这个公司没有流程"。"猎豹的风格是快速找机会、快速尝试、快速变化，我们最怕花半年时间做一件错的事。加上很多东西确实也不知道怎么做，所以经常调整，成熟大公司来的人难免不适应。"

肖洁招过好几批业界挺牛的人，最后全走了，这让她非常伤心。"你也许不能理解招一个团队有多难。一个人来了，什么都干不了，要再去一个个招人，招到10个人才能算一个团队，最快也要两三个月才能形成战斗力。结果他又走了，团队也就散了。"第一批人离开时，肖洁甚至找傅盛哭过，因为心疼。

一边在外部招人，一边在内部逼着自己和团队转型，经历无数波折后，肖洁手下如今拥有了一支100多人的商业团队。

平台 最开始，猎豹的广告变现主要依靠合作伙伴提供订单，充当的仍是渠道角色。半年左右的探索期过去，猎豹决策层意识到，一家上市公司完全靠合作伙伴构建核心模式是不靠谱的。

2015年初，猎豹开始着手搭建自己的广告系统。"猎豹是全球性的流量，要服务全球的广告主，必须有一套很好的广告系统。这跟国内不一样。在国内人都认识，广告主也知道不少，可以直接去谈。"肖洁说。

2015年6月,猎豹广告平台发布,是中国首家面向全球的移动广告平台。平台流量由猎豹自有应用的流量、媒介广告网络和自主广告投放系统"猎户"组成。

基于自身产品特性,猎豹广告平台的投放逻辑与Facebook类似,即以人的兴趣爱好维度为导向,而非以百度为代表的关键词为导向。在基于搜索的广告系统中,用户即刻表达需求,系统即刻匹配。猎豹的产品用户在使用产品时不会表达当下需求,猎豹要通过清理、安全工具了解用户的App使用行为,进而对其兴趣爱好等进行刻画。

猎豹产品的特点是存活周期长,基本从早上开机到关机都在,所以可以较好地了解用户的使用习惯。"我们可以通过一部手机里哪类App在哪个时间段产生的垃圾多,推断用户的爱好。比如某个用户的手机经常在晚上某个时间段产生休闲游戏的垃圾,那么就可以判断,这个人喜欢在晚上玩休闲类游戏。如果他在这个时间段出现在我们的产品界面中,向他推送休闲游戏广告的转化率就是最好的。"

在这一逻辑下,大数据能力成为猎豹面临的最大挑战。移动广告本质上由数据驱动,构建广告系统的核心是解决信息匹配问题,用户刻画的颗粒度越精细,匹配效果越好,变现能力越强。但猎豹此前几乎没有大数据方面的专业积累。

2015年3月,雅虎总部突然决定关闭北京研发中心,该中心的员工一时成为国内互联网公司争抢的对象。肖洁、徐鸣他们也迅速出动游说,最终将一支几十人的个性新闻推荐团队招至麾下,成为这场抢人大战中的最大赢家。

2016年2月,硅谷知名互联网公司VMware前副总裁、有"硅谷华人技术领袖"之称的范承工(Charles Fan)加入猎豹出任CTO,负责全球研发以及将硅谷建成北京之外的全球第二总部。目前硅谷研发中心已有约20名工程师,猎豹在大数据方面的人才建设也得到加强。

为了加速移动广告方面的布局,快速提升销售能力和技术能力,猎豹开展了一系列投资并购。2014年6月,猎豹收购Facebook在中国大陆地区的首家广告代理商——品众互动;2015年3月,收购全球移动营销公司Mobpartner,战略投资移动广告软件提供商Nanigans。

此外,猎豹还与Facebook Audience Network、Google AdMob等全球顶级移动广告联盟深度合作,目前已是Facebook的顶级流量供应商和Facebook移动广告平台全球第一大合作伙伴。由于猎豹流量巨大且效果出色,2015年3月,傅盛作为Facebook全球重要战略合作伙伴,受邀参加了其在美国旧金山举办的全球F8峰会并发言。

10 猎豹三变

从野蛮生长到精耕细作

目前猎豹正在进行两项"深耕"工作：一是开展重点国家和区域的本地化，一是布局内容产品。

回顾猎豹的全球化进程，速度可谓迅猛。三到五年打下工具基础，两年不到完成全球用户的获取，2015 年一年实现了从 PC 收入、国内收入为主向海外收入、移动广告收入为主的转型，目前月度活跃用户超过 6 亿（图 10-2）。

但傅盛将这些统统称为"野蛮生长"。他强调接下来要做"深耕"。"一个人或者说一家公司的精力总是有限的，前面不停

图 10-2　猎豹全球分支机构分布图（截至文章发表日期）

追求用户量增长,发达国家用户比例、区域市场的深度等就会被数字掩盖,我们也没有深入地去分析。到了现在这个体量,我们已经可以去把深度做得足够深。"

目前猎豹正在进行两项"深耕"工作:一是开展重点国家和区域的本地化,一是布局内容产品。

从全球化到本地化 华为等传统出海企业都是先本地化、再全球化,而猎豹恰恰与之相反。"作为一个很小的互联网公司,采取华为的打法是很难的,我们没有那么多积累。Google Play 搭建了一个覆盖上百个国家的平台,为全球化提供了最好的机会。"肖洁认为,移动互联网发展到现在这个阶段,解决全球用户底层需求的机会基本上全被占领,本地化便成为了下一个阶段的需求。

在傅盛看来,当今世界值得本地化的市场只有两个半——中国、美国和印度,印度目前算半个,其他大部分市场用"空军"打即可。猎豹已在美国建立了研发中心,搭建了商务拓展和销售团队。2015 年下半年,印度市场的本地化工作也已经启动。

本地化的战略意义在哪里?一方面,广告是猎豹的重要业务,让当地广告主了解、使用猎豹广告平台,需要相当多本地化的工作。另一方面,只有本地化才能做出更符合当地消费者习惯的产品。"就像在互联网的蛮荒时代,我们经常上国外网站,但后来你会发现本土网站更适合你。"傅盛说。要真正了解当地消费者需求，仅仅远程是不够的。傅盛举例说，在印度有一款名为 App Lock 的产品很流行，其功能是将特定的 App 锁住。之前他们不理解，为什么不直接锁手机？去了当地才知道，在很多印度家庭里，手机像电脑一样是多人共用的，而非人手一台，锁住 App 的功能非常实用。如果不深入当地，很难发现这样的需求。

发力内容产品 如今猎豹已是全球最大的移动工具平台，工具产品尽管有非常高的留存和非常大的活跃用户量，但用户使用时长普遍较短。要想更好地发挥已经建成的全球广告变现端的效用，猎豹需要产品方面的突破。

因此，2016 年，用户量增长不再是猎豹的核心目标，而将更多精力放在用户使用时长和活跃度的增长上，支撑这一转变的是内容产品。目前，猎豹在游戏上已取得初步进展，新闻、视频等内容产品也在部分市场开始了尝试。

2015 年 2 月，猎豹买下了游戏《别踩白块儿》的版权，这是一款 2014 年全球手游下载榜排名第九的单机突破型游戏。2015 年 7 月改名《钢琴块 2》发布以来，在游戏排行榜上所向披靡。猎豹 2015 年第四季度财报显示，《钢琴块 2》累计在苹果应用商店 117 个国家总榜排名第一，146 个国家游戏榜排名第一，还入选了 Google Play "2015 年度最佳游戏"。截至 2016 年 2 月，

《钢琴块2》在 Google Play 和苹果应用商店的免费类游戏中均排名第一。

做一款全球流行的游戏并非易事，能够取得突破，同样与猎豹从边缘入手的战略理念相符。徐鸣指出，轻游戏是游戏市场的边缘，很多出自小团队之手，往往十分粗糙，没人看得上。猎豹内部负责《钢琴块2》开发的人是工具产品出身，做游戏也极其注重性能、流畅、体验。加之游戏主题为钢琴和音乐，没有文化隔阂，最终使这款游戏成为"爆款"。

2015年初，猎豹还投资了以音乐为基础的社交类软件 Musical.ly，该软件在2016年2月 Google Play 美国媒体与视频类应用中，下载量排名第一。

无论是本地化还是内容战略，对猎豹来说都是全新的挑战。2016年年初，傅盛及猎豹高管开始集体闭关反思，思考如何登上下一个台阶。

带小伙伴一起看风景

"谁不喜欢诗和远方？但有时候恐惧才会让自己不停往前跑。"

猎豹的本性是迅猛。猎豹移动的出海及前后数次大的转型，都发生在短短 5 年多时间里,这种速度在业内也并不多见。

"转型意味着你要进入一个未知的世界,无论你多有能力,团队多么能干,你依然会担心,依然会恐惧。因为你不知道这件事一旦拍板,会有怎样的效果,会带来怎样的风险。真正的决心是你相信这件事情,而不是试图先用过往的经验去验证。"徐鸣说。

猎豹转型的坚决,跟创始人傅盛的经历密不可分。"我比别人有更强的危机感。"傅盛笑着说。他经受过太多意想不到的打击,比别人更容易感知到恐惧。"梦想和恐惧是一个硬币的两面,缺一不可。很少有人只靠梦想就能成功,那真是要意志力很坚强。有时候人也是被逼的,自己把自己架上去,不得已而为之。谁不喜欢诗和远方?但有时候恐惧才会让自己不停往前跑。"

除了决心坚定和方向正确,转型还要求整个团队拥有相应的能力。

傅盛和其他高管在每周例会的前半部分基本不谈业务,而是分享自己的外出见闻和思考。傅盛喜欢把大家拉出去看外面的世界。他很早时就曾想带 60 名中层去硅谷,结果 20 个人没办下护照签证;去了的 40 人中,只有 3 个人被允许进入 Facebook 参观。后来猎豹上市,傅盛带了 50 多人去美国。2015 年,他又带了 50 多个中层去北海道滑雪。他希望让团队意识到,外面的世界很大，并不是只有眼前的一亩三分地。"带小伙伴一起看风景"也成了猎豹员工最爱的话。

猎豹内部崇尚简单文化，组织架构随时被打破，以将转型带来的冲击降到最低。体味过可牛金山合并艰难的傅盛还总结出了一套"用业务带管理"的方法论，即不谈管理、不谈战略，只谈界面、性能等具体业务。尤其是前景未知的时候，会有各种质疑。"你用理念说服或者用管理机制推动，都无法解决，那就让大家通过事实来相信。把事实拆得碎一点，小步快跑、快速验证，迭代一段时间后数据往上走，大家也就不争论了。"

傅盛是一个方法论信奉者，常能直击要害，几次大的转型都是他最先提出。他带团队去北海道滑雪，用一招"转"，在一两天里让一群没滑过雪的人掌握了中级的犁式滑雪法。第二次去美国滑雪，直接带大家上了原本需要训练10个赛季才能上的黑道，去滑"土包"。恐高的徐鸣"为了梦想"也上了土包。肖洁在后来的视频里看到，徐鸣真的滑了下来，耳边是拍摄视频的傅盛在大喊，"点、转、点、转……"

"为什么每年都能转型？说梦想可能太虚了，但我相信这是一家不一样的公司，未来能成为一家伟大的公司。你也许会说做一个工具凭什么伟大，但它就是一个台阶一个台阶上去，我们只不过在寻找通往伟大的台阶而已。"肖洁说。

大事记

2010年11月，金山安全与可牛影像合并成新公司"金山网络"。

2011年8月，金山毒霸和金山卫士用户量超过1亿。

2012年6月，猎豹浏览器发布。

2012年9月，猎豹清理大师（Clean Master）在海外推出。

2013年7月，猎豹清理大师中文版正式发布。

2013年12月，猎豹清理大师全球下载量突破1亿，日活跃用户超过5 000万。

2014年3月，金山网络更名为猎豹移动。

2014年5月，猎豹移动登陆纽交所。

2014年12月，猎豹移动在Google Play全球所有类别公司榜上排名第二，仅次于Facebook。

2015年6月，发布中国首个面向全球的移动广告平台——猎豹广告平台。

11　韩都衣舍：一个线上品牌的衍变 *

从时尚品牌企业到平台型企业，转型看似不小，但韩都衣舍进行得并不十分费力，以小组制为核心的单品全程运营体系功不可没。

谈及知名的快时尚服装品牌，很多人脑海中会蹦出 ZARA、H&M 等一连串耳熟能详的名字，它们无疑是当今线下商场炙手可热的宠儿。然而在线上王国，独领风骚的非韩都衣舍莫属。2014 年，韩都衣舍一举夺得天猫女装"双十一"、"双十二"以及全年女装交易额的"三冠王"。

扎根于线上的服装品牌韩都衣舍由赵迎光在 2008 年创立，

---

* 本文作者罗真。原载于《中欧商业评论》2015 年第 4 期。

成长速度惊人：初创时年销售额300万元，团队40人；2014年，两个数字已分别增至15亿元，2 600人。韩都衣舍高速成长背后的核心支撑力量是公司花数年时间摸索出的"以小组制为核心的单品全程运营体系"。该体系使韩都衣舍在线上超越了诸多快时尚品牌，将"款式多、更新快、性价比高"发挥到极致，也为实现赵迎光多年来的"野心"——将韩都衣舍打造成全球最具影响力的时尚品牌孵化平台——打下了基础。

多品牌：突破天花板的必选项

一个线上服装品牌要做到百亿元，究竟需要多少子品牌？四五个还是四五十个？赵迎光的判断是后者。

"打造时尚品牌孵化平台"的提法由赵迎光在2014年正式对外宣布，但深层的基本战略——韩都衣舍要走多品牌经营的道路，早已深植于他的心中。

赵迎光在山东大学韩语系毕业后被公司派到韩国工作，1998年起多次与韩国知名服装企业衣恋集团打交道。"当时衣恋集团内部，包括尚未成形的创业品牌在内，已有大大小小的品牌将近100个，而且运营得不错。"多次交流后赵迎光得出结论：一个服装企业要做到较大规模并保持持续增长，多品牌是必经之路，毕竟一个品牌不可能占据所有的人群定位。2007年赵迎光回国创业，一口气注册了20多个商标，为日后的多品牌发展早早做起储备。

多品牌战略之下，亦有不同的打法。回国后，赵迎光经历了国内服装电商的两次大讨论。一是互联网上能不能出品牌？这一争论伴随2008年淘宝商城成立并大力扶植"淘品牌"而渐渐平息。二是一个互联网服装品牌的天花板有多高？业内的共识是：由于存在极多个性化定位，单一线上品牌要做到百亿元几乎不可能，其天花板远远低于线下，因而品牌的数量会大幅增加。但关于多品牌的具体实现道路，则有不同看法：一是每做一个子品牌都五脏俱全、相对独立，除资金外关联度极低；二是各子品牌共用底层的基础服务，独立性有限，只在产品端和营销端相互区隔，规模相对较小，以韩都衣舍为代表。

两种思路的背后是对一个问题的不同回答：一个线上服装品牌要做到百亿元，究竟需要多少子品牌？四五个还是四五十个？赵迎光的判断是后者。"2014年，整个互联网市场正在由增量市场逐渐转变成存量市场，尤其是在成熟度较高的服装行业，几个大品牌的增速已明显放缓，这意味着天花板已触手可及。从女装看大概是10亿元。"

战略既定，仍需从内功练起。最初几年，赵迎光极少提及多品牌之事，只带领团队埋头耕耘主品牌韩都衣舍。2011年，韩都衣舍的销售额在盈利的前提下做到近3亿元，以小组制为核心的单品全程运营体系也日益完善。2012年4月，韩都衣舍推出第一个内部子品牌——韩风快时尚男装品牌AMH，当年销售额便做到4 000多万，2013年冲到1.8亿；2012年5月，韩都衣舍从外部收购了设计师品牌素缕，销售额亦从其独立发展时的年均两百多万，增至2013年的六千多万。截至2015年3月，韩都衣舍在线上正式运营的子品牌已有18个，加上正式立项的共有22个，平台已初步成型。

小组制：企业发动机

能动性极强的小组就像一个个强力运转的发动机，支撑着韩都衣舍的高速成长，同时也为其平台化发展做好了准备。

从时尚品牌企业到平台型企业，转型看似不小，但韩都衣舍进行得并不十分费力，这必须归功于其在前几年练就的内功：以小组制为核心的单品全程运营体系的建立。简单说，该体系是将服装企业传统的设计部门、视觉部门、采购部门、销售部门等统统打散拆分,其中产品设计、导购页面制作与货品管理三个非标准环节交由产品小组负责,每个小组一般由设计师、页面制作专员和货品管理专员3个人组成;供应链、IT、仓储、客服等可以标准化的服务则统一由公司提供。

该体系的本质是将运营组织最小化,在此基础上实现"责、权、利"的相对统一:在"责"上,根据所获资源,每个小组都有明确的销售额、毛利以及库存周转率的要求;在"权"上,开发哪些款式、每款几个码、如何定价、库存深度多少、是否参加打折等都由小组说了算,几乎拥有一个网店老板的所有权力;在"利"上,用销售额减去相关费用,再乘以毛利率、提成系数与库存周转系数,就是小组奖金。如此,每款产品都有3位"妈妈"悉心照顾,对市场反馈极其敏感,产品动销比高,库存周转快。更重要的是,该体系支持针对每一款商品实现精细化运营,最终实现单品结算,使做1款产品与做1 000款产品别无二致。

这样,能动性极强的小组就像一个个强力运转的发动机,支撑着韩都衣舍的高速成长,同时也为其平台化发展做好了准备,因为"一旦在最小的业务单元上实现了责权利的统一,企业就变成了公共服务平台"。

提高试错"投入产出比" 小组制得以建立的关键是互联网

提供了低成本、快速试错的可能性。对于线下品牌来说，将一个决策传导到成百上千家门店不仅速度慢，万一有误成本也更高；但在线上可以根据数据反馈迅速更改决策，且无地域限制，效率更高，成本更低。建立小组制后，更是可以将试错的机会和成本进行分散。原本只有老板才敢承担的1个亿的试错成本，分散到200个小组长身上——每人只有50万元，不仅更加"赔得起"，还能换回一线员工的成长。

培养未来经营人才 赵迎光承认，传统部门制在多数情况下更有效率，因其分工明确、专业度高，部门长的决策影响所有人的执行，切换到小组制会暂时经历一个效率由高到低的阶段。但拆成小组后，每个小组长都会变成部门长，其决策直接影响业绩，从而必须考虑经营决策乃至战略问题，结果是培养了一大批具有经营思维的"小老板"，进而为多品牌发展和平台扩张做了重要的人才储备。

创新的"永动机" 随着企业的规模越来越大，创新需要冲破的阻力也会越来越大，往往是老板整天喊创新，底下的人却都在"守江山"，公司的"发动机"在老板一个人身上。实行小组制相当于在企业内部设置了无数个发动机。韩都衣舍每天都会对所有小组的销售额进行排名，并通过鼓励自由组合，实现新陈代谢。数百个小组始终争相往上走，必然会推动企业在供应链等各方面的能力不断提升,成为企业创新的"永动机"。

倒逼公共服务优化 产品小组的动力源自最小自主经营体的设计,公共服务部门的动力则主要来自小组的压力。赵迎光认为,提高公共服务部门的积极性要充分考虑两种心态:一是趋利,公司根据业绩进行适当奖励,但难以长期持续;一是避害,即来自产品小组的督促、投诉。促使小组给公共部门施加压力是制度设计的重点。"一个组不超过3个人、独立核算、允许自由组合等很多设计都源自这一考虑。你不给公共部门压力,你的收入、你的小组排名、人员稳定性都会受到影响。"赵迎光说,"比如人资部门招的人培训后进入小组,待了两三个月就走了,小组长就会表示不满,要求人资部门解释。因为小组一共3个人,现实利益直接受到影响。但如果发生在一个一二十人的部门,部门主管也许就不会太在意。"200多个小组每时每刻都在给公共部门施加压力,促使其服务日益优化,整个平台的基础也日益牢固。

目前,韩都衣舍内部的小组已有260多个,并由最初的野蛮生长转向正规军,每3~5个小组编成一个大组,每3~5个大组构成一个产品部,使其在充分竞争的同时,又可以更好地顾及整体利益。

11 韩都衣舍：一个线上品牌的衍变

从抓大放小到抓小放大

"未来哪个企业能培养出更多能够凝聚粉丝的人格化品牌的掌舵人，哪个企业就会拥有强大的竞争力。"

平台搭建完成后，下一步就是挑选合适的子品牌在上面生长。赵迎光说选择标准很简单：品牌要有灵魂人物存在。"线上品牌未来的趋势是越来越重视人格化营销，而灵魂人物就是有能力把一类人变成品牌粉丝的人。未来哪个企业能培养出更多能够凝聚粉丝的人格化品牌的掌舵人，哪个企业就会拥有强大的竞争力。"

目前韩都衣舍平台上的子品牌有两类来源：一是内部自然孵化，如 AMH、米妮·哈鲁、范奎恩等；二是外部收购控股，如素缕、迪葵纳、白鹿语。前者大多是沿袭了韩都衣舍传统做法的买手制品牌，熟悉小组制，成长相对顺利。相比之下，后者多为设计师品牌，且是从外部加入，适应小组制、融入大平台需要的过程更长，它们能否顺利成长更加考验小组制的适用性和平台的包容性，为此韩都衣舍逐步摸索完善各方面机制，以使平台更好地支撑子品牌的发展。

战略转向扶持新品牌 在 2014 年明确做品牌孵化平台之前，

韩都衣舍秉持的都是"抓大放小"战略,并未对子品牌投入太多精力。赵迎光承认,这尤其不利于外部子品牌的成长:"第一个加入的外部子品牌素缕开始发展得比较痛苦,确实跟我们的战略有关。如果你不明确告诉公共部门扶植小品牌,它们肯定会更加重视大品牌,毕竟大品牌投入产出比高、对公司的现实贡献也大。"

从2014年开始,韩都衣舍将战略从"抓大放小"调整为"抓小放大",更加重视对新品牌的扶植。2014年上半年,韩都衣舍在总经理办公室下面设立品牌规划组,专门为销售额在1 000万元以下的小品牌服务,为其提供包括前期市场调研、商标申请、知识产权保护等在内的各种支持。此后,公司又成立了以小品牌负责人为主要成员的"掌门大会",每月至少召开一次,子品牌负责人轮流做值班主席,会上可提出各种诉求,平日有任何问题也可向担任大会秘书长的总经办主任随时反映。每周的经理会也开始让小品牌先发言,限制大品牌的发言时间。

派驻"老人"加速磨合 对于加入平台的外部子品牌创始人来说,他们只需专心做设计、营销,基础服务由平台提供,但由于人头不熟等原因,最初沟通往往不够顺畅。针对这一问题,韩都衣舍在新品牌进入之初,都会派对企业了解深并有一定影响力的"老人"进驻,帮助新品牌迅速与平台的各个公共资源端口对接。此外,外来设计师品牌以往采用的往往是分专业部门的传统模式，在转换成小组制的过程中会遇到许多具体问题，有经验的"老人"也可为其出谋划策。

"战略亏损期" 与正常的成长过程相比，平台上的子品牌一开始享受的公共服务无疑是高标准的，这也正是韩都衣舍搭建平台的目的之一。赵迎光曾说，一个品牌在发展之初往往没有能力整合和驱动大规模的供应链，只能找最小最差的工厂服务，从而导致"调性上的小而美"和"品质上的小而丑"。加入平台就可以利用公司强大的供应链等各项成熟服务，做到表里如一的小而美。高成本的基础服务必然影响子品牌的收益核算，韩都衣舍将之视作战略投资，为此专门为新品牌设置了战略亏损期。按照为子品牌制定的"三年计划"，第一年允许亏损10%，第二年实现收支平衡，第三年开始盈利，在这个基本框架之下，再根据具体情况进行调整。

"疯狂"的未来：云平台上的设计师

赵迎光还有更"疯狂"的计划：搭建一个让所有人都可以在上面设计制作衣服的低成本创业平台。

尽管在许多人看来，赵迎光大批孵化子品牌的做法已十分大胆，但他还有更"疯狂"的计划：搭建一个让所有人都可以在上面设计制作衣服的低成本创业平台,他将之称为"云平台"或"云时尚"。

在赵迎光的设计中,这个平台能够提供打版、生产、拍照、营销、客服等各个环节的服务,利用该平台的人只需要进行设计,其余均可付费获取。赵迎光举例说:"比如有一个人要过生日,想专门为此设计一款T恤,只在朋友圈里挂一个购买链接,5块钱一件让自己的朋友去抢,是不是很有意思的一件事?但即便你仅做100件,只要是自己做,都要面对一个琐碎和复杂的过程,但通过我们的云平台就可以轻松实现。"

做这样一个平台有什么意义呢?赵迎光想得非常清楚。第一,该平台的背后是韩都衣舍的柔性供应链在支撑,根据实际生产需求的数量,可以有不同的生产报价。比如一件只生产100件的T恤,生产成本是20块钱,平台可以收35块钱,照样可以盈利。如果设计者还要用平台的仓储、客服、物流等,同样也可以赚钱。虽然单次的量可能很小,但积少能成多。

第二,在赵迎光看来,韩都衣舍的核心是经营人,而非经营事。自己经营的品牌无论是10个还是50个,需要的运营团队总是有限的,无法给优秀的年轻人提供足够的锻炼和成长机会。而云平台为外部设计者(设计团队)提供包括各个电商平台的运营推广在内的全套服务,尽管每个独立项目的体量可能比较小,但意味着团队里更多的人可以通过实战得到锻炼,成长得更快,从而增强韩都整体的战斗力。

第三，云平台上同样会诞生品牌。正如淘宝上能够出现"淘品牌"，韩都衣舍的平台也可以出现"韩都品牌"。因为门槛极低，有些人一开始可能以玩票的心态来做，但做着做着一些优秀的人或团队就会冒出来。因为从设计到销售的所有环节都在这个平台上运作，韩都衣舍能够拿到后台数据，发现好的机会就可以进行合作甚至投资，与设计者（设计团队）一起将这个品牌运作得更好。"无论是靠自己孵化子品牌，还是靠从外部并购，效率仍然比较低，但通过开放这个平台让大家玩，就可以通过数据发现好的增量。我们可以提供基于行业的供应链、IT系统、仓储、客服、战略等方面的系统支持，这件事淘宝、天猫做不了，但我们可以。我们是优秀运动员出身的教练，可以发现和培养好的运动员去比赛，胜利的可能性会更大。天猫、唯品会、京东等平台会非常喜欢跟我们这样的中间型平台合作。对它们来说，我们是优秀的产品集成供应商，对于提升客户体验、增强客户黏性非常关键。"

赵迎光清楚这件事急不得："这个平台的推出要建立在目前的子品牌孵化平台成熟的前提下，如果连自己的子品牌都支撑不好，怎么去支撑外部的？"不过这一雄心勃勃的计划并没有停留在纸上，韩都衣舍的IT部门和供应链部门已经在为此做准备，赵迎光说希望2016年下半年能够上线。

12　震坤行：工业超市的转型之路 *

服务传统工业企业的震坤行，运用"+互联网"战略实现升级转型，在工业用品采购和管理智能化方面蹚出了一条新路。

成立于1998年的震坤行，最初从事胶粘剂和润滑剂等化学产品的代理销售。公司创始人陈龙在与客户的交流中发现，制造企业常常为如何采购到满意的工业用品而苦恼。一方面，企业生产过程中所用到的各种原料、辅料和辅助生产的设备，多属易耗品，这类采购具有多品种、小批量的特点，而工业用品的销售商大多专注于某几类产品，企业需要通过多个供应商才能完成全系列采购；另一方面，销售商往往割据一方，产品价格较为混乱，

---

* 本文作者齐卿，《中欧商业评论》资深编辑。原载于《中欧商业评论》2015年第12期。

品质参差不齐，企业通常需要花费大量的精力去调研市场，把控采购质量。甚至有些品类的工业用品在完成订购后，还需要在现场进行专业安装和调试服务，而传统销售商往往难以提供专业的售后服务……

在陈龙看来，痛点意味着发展的机遇，他开始思考从两个方面入手寻求突破：一是解决客户一站式的采购需求，实现价格透明；二是解决客户现场的技术服务以及个性化的物流需求。这一思考，为从事工业用品代理销售的震坤行打开了一扇新的大门。

转型的逻辑

2011年，震坤行开始了第一次转型的尝试，从传统的贸易型企业向电子商务平台转型。焦点是解决客户一站式采购的痛点。

首先，震坤行推出网上工业品市场，在线销售各类易耗品，一面逐渐丰富产品品类，从最初的工业胶粘剂产品到全品类工业用品，扩充长尾，目标是建立全品类在线工业品超市，用网络化的销售模式实现低价与透明。

而随着对用户理解的加深，陈龙逐渐意识到，MRO领域（Maintenance 维护、Repair 维修、Operation 运行，即不直接构成产品而只用于维护、维修、运行设备的物料和服务,可理解为非生产原料性质的工业用品)是市场空白,由此,震坤行开始致力于为客户提供MRO产品的一站式采购和服务。

运营了3年之后,震坤行的产品品类已获得极大丰富。这时候解决工业用品采购第二个痛点的需求提上了日程。相比发达国家,国内工业领域仍缺乏专业服务工厂的工业用品成熟供应体系。从2013年开始,震坤行着手建立深入工业区、靠近工厂的服务中心,加强线下的技术支持工作。同时进行自建物流工作,满足客户个性化的配送需求。公司销售人员在现场为客户提供基本的安装、调试等服务。对于较为专业的技术问题,公司还建立了微信公众号,依托公司后台技术团队,提供远程技术支持。

过去企业对于工业用品的管理较为粗放,通常大量订购,却带来浪费。工业用品的日常使用中常常是以下场景:有些小件工业用品(刀具、紧固件等)需要频繁领用,企业就将它们大量放置在生产现场,很容易出现浪费、库存短缺等问题。中国工业企业的供应商分布较广,多品种小批量采购的工业用品很难实现精准管理。如何将服务与管理的能力延伸到工业用品的使用场景中?陈龙希望借鉴德国工业4.0的理念与丰田的精益生产模式,运用信息化技术为客户提供免费的智能管理软件和硬件,实现库存管理智能化。

陈龙认为,借助飞速发展的信息系统和物流技术,工业用品也可以实现精益化的管理。他希望震坤行能够像提供便捷的水电服务一样,实现客户对工业用品的即需即用。作为客户供应链上的智能供应商,未来的震坤行将帮助客户实现工业用品的在线采购和智能管理,大幅降低企业的采购和管理成本,建设紧邻客户的服务中心,实现"有工厂的地方,就有震坤行"。(图 12-1)

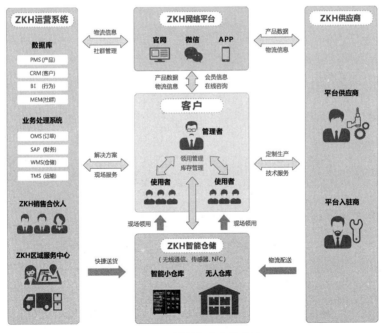

图 12-1 震坤行商业模式图

重塑体验式战略

为实现工业 4.0 理念下的转型愿景，震坤行重新调整战略，并对各项子战略进行了相应的调整。

产品战略　电子商务和智能硬件的结合，互联网到物联网的应用，形成了震坤行新的业务模式。在新的业务模式下，震坤行通过网上工业超市为客户提供一站式、价格透明、质优价廉的工业用品。对于工业超市的定位，公司有过两种思考。一是促成产品交易，二是提升客户体验。前者需要公司不断地丰富产品线，但即便是像沃尔玛这样的企业，也很难满足客户的全部产品需求。

经过分析，震坤行认为，与消费品不同，工业用品的采购人员具有相关领域的专业知识，采购过程更加理性，更关心产品的性能、价格、标准等沟通管理的简化。由此，震坤行更需要增加产品的宽度，为每一个品类提供最具竞争力的几款产品。公司要将更多的精力放在优化产品结构、提升服务质量上。对于客户而言，简单的产品更方便使用和管理，而震坤行提供的线下服务则可以帮助客户更好地体验。无疑，最终企业选择了第二种工业超市的定位。

基于"提升客户体验"的定位，震坤行设立了学习的标杆——德国阿尔迪集团，希望通过优化产品结构打造核心竞争力，深耕垂直市场。震坤行对公司经营的工业用品进行了分类：第一类是品牌知名、标准化、价格高度透明的产品，称之为"可乐型"产品。第二类是"阿尔迪型"产品，定位在公司与供应商深度合作开发的自有品牌产品，品质可靠，价格富有竞争力，是主打产品。第三类是常规产品，满足工厂客户的常规需求，以易耗品为主。合理搭配这三种产品，是震坤行实现企业战略的重要一环，根据经验和相关数据的测算，震坤行将三种产品的比例保持在30%、40%和30%的水平。

销售战略 启用网上工业品超市的运营模式后，公司销售战略也进行了相应的调整。公司将更多权限授予一线销售人员，以客户需求为导向，以提升客户体验为目标，有权决定是否接单以及调整产品价格。为了激励销售人员更具备互联网思维，公司对销售人员的业绩考核进行了调整，实行客户体验一票否决制。

从表12-1可以看到，在财务维度，过去震坤行重视产品的实际毛利，转型后，更注重市场的开拓和总销售额的实现，对于单个产品毛利的高低，则由销售人员根据总体的销售情况灵活处理。

在开发客户方面，过去公司注重拜访客户的次数和新增客户的数量。在互联网思维下，陈龙认为快速扩大销售区域的覆盖更

表 12-1 转型前后销售人员平衡记分卡对比

维度	转型前	转型后
财务角度	实际毛利	销售额
	应收账款天数	应收账款天数
客户角度	拜访次数	区域客户覆盖
	新客户销售额	新客户数量
	客户保有率	交叉销售客户比率
内部流程	预报管理	成交价格管理
学习成长	应用案例分享	学习及安全
	协作满意度	个人能力等级提升

为重要。于是,新增客户销售额被新增客户数量这一指标取代。只要客户愿意购买公司的产品,哪怕是比较少的数额,公司也可以通过优质的服务促进客户的下一次购买,将其转变为长期客户。公司通过可乐型产品与客户建立起联系,再通过阿尔迪产品共建长期共赢的合作。

为鼓励销售人员增加"阿尔迪型"产品的销售,公司将"交叉客户销售比例"纳入考核。主要考察老客户购买新产品的情况。对于这类指标的提高,公司有多种形式的奖励,让产品战略落地。

为实现销售的快速扩张,震坤行推行合伙人制度。在业务暂时辐射不到的区域,寻找当地具有创业梦想和行业资源的精英人才,将震坤行的平台向其开放,把大部分的利益让渡给经营者,实现个人创业与公司发展的结合。震坤行希望通过这种模式，减少销售中间层，把公司做轻。而后台的业务，包括产品、运营、配送则仍由震坤行的平台来完成，保证服务质量。

做实最后一公里

淘宝、京东在C2C和B2C领域中取得了耀眼的成功，做轻线下资产，专注于线上销售平台的搭建，成为工业用品销售企业纷纷效仿的模式。但不同于普通消费品，工厂客户对工业用品销售的专业性、技术性有特殊要求，如果销售商只负责销售而忽视售后服务，是对客户体验的极大伤害。工业用品销售的"最后一公里"是行业的普遍痛点。在震坤行向网上工业品超市转型的过程中，陈龙始终坚持做实这最后一公里。

震坤行的客户经理全面负责产品销售及售后，自建物流严格保障产品供应时间。过去产品品类较少，销售人员对产品知识的了解比较深，可以深度服务客户。而现在公司产品的SKU超过20万个，公司就对销售进行了细分，尝试小组制的运营模式。为帮助销售人员适应海量产品的销售需求，除了常规的业务知识培训外，公司还将技术团队和销售人员进行串联。当销售人员遇到不熟悉的产品问题，可以通过公司内部的微信平台向技术团队求助，以全体技术团队的资源支持到每一位销售人员。

为解决"最后一公里"的难题，公司坚持自建仓储和物流。工业用品的客户主要是各类工厂，由于工厂生产的连续性和专业性，客户对产品送货的准时、准确有极高要求，使用第三方物流往往会成本很高，且很难保证万无一失。震坤行为每一位销售经理配有专属车辆，为客户提供送货和上门调试服务。同时公司还拥有化学危险品储运的资格，即使客户生产需要危险品，也可以安全及时地配送。

在做化学品代理销售的时候，震坤行的产品品类大约有七八百个。转型为网上工业品超市后，产品品类扩大到24个品类，20多万个SKU。要支持这么大的产品销售和服务工作，需要一个庞大的信息系统。为此，震坤行将客户管理系统（CRM）、企业资源计划（ERP）、订单管理系统（OMS）、仓储管理系统（WMS）统一起来，供应商和客户的信息实现了无缝融合。（图12-2）

震坤行还结合移动互联的特点，将微信平台与企业信息管理系统进行衔接。客户只需订阅震坤行的微信公众号，就可以实现订货、咨询一站式的体验。如果需要咨询，只需在微信平台上留言或提供产品照片，业务人员就可以查阅公司内部的知识库，予以答复。如果业务人员不能解答，还可以在公司微信平台上向行业专家求助。

12 震坤行：工业超市的转型之路

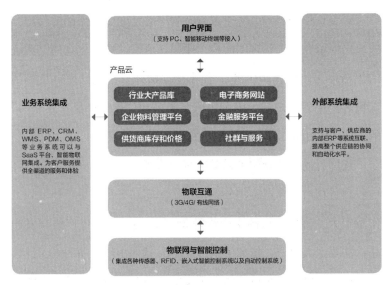

图 12-2 震坤行平台系统

目前震坤行已在上海设置总服务中心，在苏州、南京、无锡、青岛、武汉、深圳等各地分别建设了分服务中心，目前服务中心的建设正在快速扩展，力争实现公司业务范围内全覆盖的线下运营服务体系。

转型的 2.0 版本

陈龙经常思考：作为工业产业的服务商，震坤行的未来在哪里？只靠电商能支撑起工业品超市的未来吗？

带着这样的思考，陈龙发现，很多客户对工业用品的管理方式，仍停留在手工管理的阶段。于是，开发"智能化仓储"系统的想法浮出水面，2014年，震坤行尝试开发智能仓库，在得到试用客户的肯定之后，陈龙更坚定了公司"硬件产品＋互联网"的工业4.0布局，智能仓储的研发也加快了进程。

震坤行的智能仓储可以解决客户购买产品后的管理问题。客户收到货物后，要把货物分到每一个车间和班组，手工分发的工作量很大。有些客户的生产线是24小时运转，在生产线分发产品，需要派人值班，增加了很多成本。另外小件产品的人工计数存在很大的困难，粗放式的管理又很容易产生浪费。智能仓储系统则致力于解决这些问题。系统由后台管理软件和放置在生产现场的管理硬件两部分组成。智能小仓库安置在工厂生产现场，用于放置工厂生产中常用的工业用品。现场生产人员通过智能卡就可以领用物料。管理人员可以对每次的领用数据进行自动聚集并分析，杜绝浪费，也减少了值班成本。在系统后台，产品缺货时会及时通知震坤行服务中心进行补货。智能仓储还减少了客户的资金占用，在商品领用之后才确认购买，无须支付管理小仓库中产品的库存费用，大大节约了采购成本。

为了保证布局工业4.0的战略实施，震坤行还依据组织能力"杨三角"理论，从员工思维模式、员工能力和员工治理方式三个方面开展组织能力建设。在陈龙看来,一个公司的企业文化类型取决于创始人的文化基因,为此他发起了一场自上而下的企业文化建设工作,鼓励员工创新和冒险,向市场型文化转型,以客户需求为中心,强化全力以赴、结果导向的创业精神。(图12-3)

震坤行对组织结构进行了重新设计,设置电子商务产品部和技术部。电子商务产品部负责公司电子商务的整体规划,用户需求调研分析及电商产品的策划、设计;而电子商务技术部则负责加强公司信息系统的建设,提升电子商务系统的功能和效率。此外,销售部门进行了扁平化重组,做到线上产品和线下服务的有

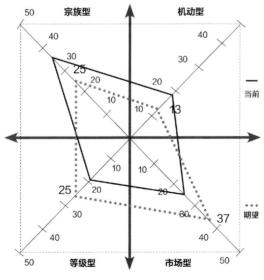

图 12-3 震坤行组织文化转型图

机结合；产品部门则负责进行产品结构的优化设计。借助移动互联技术，震坤行将管理提升到一个新的台阶，事务性的管理工作在移动平台上完成、非事务性的工作则交由内部工作群，随时提出随时写上解决，真正实现了去管理中间层。

※ ※ ※ ※ ※

回顾转型，陈龙感悟颇深，他说："传统企业要实现成功转型，不能是基于自身生存的需要，而是要能更好地满足客户的需求。要实现'＋互联网'，首要的是'＋互联网人才'，让专业的人做专业的事。"

13 蜂云网络：一个手机分销商的"意外"转型 *

手机分销已处没落期，蜂云网络却找到了转型之路：通过产业物流商的身份下沉农村，赶在淘宝、京东之前完成农村电商运营和服务的布局。

在这个多变的时代，任何行业都有可能在短短几年走完从崛起到没落的周期。曾经风光无限的手机分销领域就是一例典型：近几年，来自电商、运营商和自建渠道的品牌手机的多方夹击，将传统手机分销商架空于产品和客户之间，更压缩了后者的利润空间。既然以代理手机品牌、赚取分销差价的商业模式已难持续，分销商不得不探索新的商业模式。出身于传统手机分销业务

---

* 本文作者刘婕，《中欧商业评论》原编辑；龚焱；姚音。原载于《中欧商业评论》2015年第3期。

的蜂云网络改变了产业链"层层代理"和"黄牛窜货"的分销模式,从物流与信息流两种业务上重新找到了自己的定位,并反哺了传统分销业务。

做"不被短路"的物流商

手机厂商自建销售渠道成本高、风险大,让分销商仍有残喘之机,但"被架空"只是时间问题。

手机分销一直是华博集团旗下江苏蜂星等公司的主营业务。过去的十年,更是江苏蜂星业务的高速增长期:公司销售额从2002年的4亿元攀升至2013年的30亿元,每年的销售额都保持了30%左右的增长,也因此获得了"中华第一省包"的美誉。然而,在蜂云网络CEO陈献看来,传统手机分销业务的隐患颇多,危机越来越重。

"首先,公司规模不断做大,客户一定要属于自己,中间的分销商迟早一天会被短路。"陈献认为,由于手机厂商自建销售渠道成本高、风险大,分销商现在仍有残喘之机,但"被架空"只是时间问题。此外,虽然公司的销售额不断增长,但毛利率却越来越低,加之互联网电商以及小米等品牌手机异军突起,中间

13 蜂云网络：一个手机分销商的"意外"转型

渠道商的价值日渐式微。公司内规模庞大的传统手机分销业务该何去何从？壮士断腕、弃之不顾的做法并不理智，毕竟传统业务仍为集团带来可观收入。

该怎么转型？对江苏蜂星来说，这条路走得并不顺畅。拓品牌，扩地盘，2008年，公司承接了淘宝手机定制业务，为淘宝卖家寻找合适的定制手机，江苏蜂星负责产品设计、定制方协调和销售运营的工作。随后，也尝试进入B2C领域，开设"蜂星商城"等天猫店铺，但这些探索，都只是分销业务向上、下游的延伸，既无转型，更无颠覆。种种原因，让这些尝试均以失败告终。

陈献想了又想，虽然大品牌和运营商现在能够直接接触客户，却仍不能负担整个环节，仍需要某种服务商的参与。2013年，江苏移动公司要统一移动合约机的供应商管理，自建网络订单系统，整合分销环节，其中，要对配送到店面的物流服务进行招标。江苏蜂星瞅准了机会，准备在这一单上搏一把。

当时与江苏蜂星一起竞争的，是包括中国邮政、顺丰速运在内的11家专业物流公司，连运营商也质疑这家公司的能力："你们一家分销企业怎么去做物流？"陈献和他的团队却并不打怵，"我们是做手机里最懂物流的，做物流里最懂手机的。"他的自信不无道理——过去十年，江苏蜂星因为手机分销业务量大而自建了仓库以及车销体系，商品的仓储管理、分拣打包，甚至最后一段配送到店的工作，都是自己负责。以郊县的手机分销为例，江苏蜂星先通过第三方物流解决干线运输，将手机从南京运往苏州等城市，而苏州市到郊县、村庄的环节，就由自己的深度分销发力：公司统一签订车辆和司机，早上业务员运载着一车货物，顺着某条线路一家一家地送货，在小店内与店主交易，晚上再将剩余货物和回款带回公司。"'车销'模式的覆盖效率高，"陈献解释，"江苏有1 000多个乡镇，有15 000个村庄，怎么走？只能靠车辆。"（图13-1）

图13-1 产业物流切入点

13 蜂云网络：一个手机分销商的"意外"转型

然而，陈献发现，随着分销毛利越来越低，管理成本越来越高，只有依靠规模，车销模式才能支撑下去。因此，江苏移动的物流招标是不可多得的机会。"如果不去做物流业务，把这个生意全部交给别人，我们的规模会越来越小。一旦我们把物流业务全部接下来，成立独立物流公司，实现内部结算，成本就会摊薄。"

2013年4月，物流部从江苏蜂星独立，推出"蜂云物流"品牌。与大型物流公司相比，蜂云物流拥有小而精的管理系统和专业分类的仓库，并且仅承接B2B物流业务，即仓库到零售店面的配送服务，在手机串号管理上也更为严格。专业、专注的优势让公司最终中标，成为江苏移动的物流服务商。

蜂云物流最早的两项业务，一是来自江苏移动，二是江苏蜂星，在2013年全年就只有400万台左右的手机配送量，而搭建完物流基础设施和运营体系后，2014年物流业务就步入了增长期，仅1月份，手机配送量就超过了100万台。蜂云物流如今已建有8个仓库，面积近1万平方米，建有52个分站点，拥有和雇佣近200辆支线车，服务近200家运营商、品牌厂商和代理商，品类也从手机拓展到平板、PC等智能类硬件，全年配送量达到1 000万台。

新商业　新势力：
社会巨变下的创业思路

把客户"赶"到网上去

虽然服务内容越来越多，但服务商的身份并未改变。如何牢牢把用户抓在自己手里？

陈献发现，物流配送过程中有了新的商机。譬如，运营商从手机厂商订好的手机会首先运送到蜂云物流的仓库，再进行下一步的分拣和配送。于是，蜂云物流和运营商以及货主达成一致，由前者帮忙预装指定的、安全的手机应用，比如运营商的网上商城、掌上营业厅等。在蜂云物流的仓库里，有专人负责拆箱、预装、装箱各个环节，生产线每天能够预装1万多台手机。

在陈献看来，线下预装的产业链十分巨大——移动互联网上的App应用会利用刷榜、出厂预装和线下预装等分发渠道推广自己的产品。蜂云物流每预装一台机器，都可从运营商和应用开发者那里获得服务酬金。"我们做了物流之后，才发现还有这样一个巨大的产业链，我们已经推出店面预装的解决方案类产品，店面提供给顾客更多的服务，同时也享有分成。"他说，"我们自己算是多了一种盈利方式，通过这项业务去填补一些物流支出"。

13 蜂云网络：一个手机分销商的"意外"转型

不仅如此，蜂云物流能够高频次、面对面地接触到乡镇、村庄的街头小店，可谓掌握了"最后一百米"，这也是许多手机厂商可望而不可即的。几个月内，包括OPPO、步步高、金立、三星等手机厂商纷纷与蜂云物流合作，规模越做越大。根据统计，如今全江苏市场40%左右的手机经过蜂云物流的部分环节（单一仓储或者配送）或全部环节（仓配一体）。除了配送手机之外，蜂云物流还陆续提供了单页投递、海报张贴、终端点检、覆盖率调查、售后机逆向物流、代收款等增值服务。

随着业务覆盖和深入到乡镇市场，陈献和他的团队发现，虽然发展速度很快，能做的业务越来越多，但自己服务商的身份并没有改变，客户仍旧不是自己的。同时，物流解决了货物运输的问题，订单却还要人为地去争取。

2013年11月11日，蜂云开发的B2B订货系统——"我要订货网"，首先在江苏徐州上线测试。陈献的初衷只是想小成本地试验一下新形式是否会对传统的分销模式产生影响。他让业务人员把乡镇、村庄小店的店主"赶"到这个网站上，从业务员与店主见面谈价格、下单，改为网上浏览、下单。1个月后，订单数量明显增加。2014年4月份起到年底，网站全面上线的200多天时间里，在江苏累计发展了2.5万家注册店面，月交易金额从400多万元增长到了8 000万元，手机的月销量达到10万台。陈献介绍，在"我要订货网"上，月活跃交易店面大约1万个，占到注册店面的40%左右。"我们认为，这个生态圈已经大致形成了，用户的黏性比较强。"

"蜂云物流"和"我要订货网"的先后建立，让蜂云网络公司的新模式逐渐成型。陈献认为，物流能力始终是深耕农村市场的核心能力。自营的物流服务，首先是满足了运营商渠道管理和厂商渠道拓展的需要，其次解决了农村市场小店店主在"我要订货网"的订单配送、货款支付、售后服务等问题。这样，蜂云物流通过承接其他业务，避免物流成为公司的成本中心，而成为业务延伸的基础。

蜂云网络以物流和信息流的闭合服务，提升了产业链上、下游的经营效率，形成了双边网络效应，一方面加入的供应商越来越多，另一方面，上线采购的零售店越来越多。"原先的传统分销模式，我们经过了17年的积累和发展，销售额才达到30亿元。而蜂云网络是面向整个产业链，为运营商提供渠道整合解决方案，又去掉了中间的分销层级。3~4年的时间，江苏就会做到百亿规模。"陈献说。

13 蜂云网络：一个手机分销商的"意外"转型

两层土壤培育增值服务

在自建物流和"我要订货网"的土壤上，能够有更多增值服务的空间。

随着蜂云网络新业务的成熟，其盈利模式也日渐清晰。对线上采购的店面而言，蜂云的做法是"不加价"，只向上线的厂商收取很低的物流费来保证物流业务的正常运营。同时，网站虽然需要更多投入，但其提供的增值服务会带来更多的盈利机会。

"我们发现，小店除了进货之外，还有其他需求都是我们可以满足的。"陈献说。比如在圣诞节期间，一些大中城市的店面会在店内布置圣诞树、播放圣诞歌曲等，但乡镇和农村小店往往没有条件。陈献让运营团队找了一家供应商，把圣诞树、配饰等做成三种圣诞套餐，一上线就被抢购一空。蜂云网络专门成立了定制、金融、空中充值、App预装、店面服务、售后等8个增值业务项目组，围绕农村市场需求，结合产业特点，培育增值产品。

"做个形象的比喻：蜂云网络的基础是两层土壤，一层是物流土壤，一层是'我要订货网'，就是信息流土壤。"（图13-2）

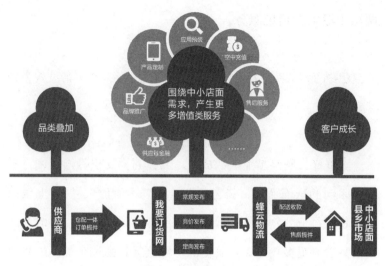

图 13-2 "两层土壤"模式

陈献介绍,"两层土壤形成之后,上面能种出许多树,比如,金融就是非常重要的一类"。据他介绍,公司已经先后推出了面向供应商的"易贷"系列产品,面向零售店面的"便捷贷"系列产品以及与消费金融公司合作,推出面向乡镇顾客的消费分期业务。

身为一家典型的 B2B 公司的 CEO,陈献考虑的是消费者的需求:"深入到乡镇市场,才发现,其实乡镇的消费者需求很活跃,但有品质的商品和服务却是稀缺的。"蜂云网络正在尝试如何通过互联网激发农村万亿市场。"我们的研发部门已经在开发智慧商铺的信息管理系统,并集成在一个盒子里,店面通过连接电视,就可以进行多媒体式产品宣传,还可以帮助店铺做店面管

13 蜂云网络：一个手机分销商的"意外"转型

理和顾客资料管理等。"

此外，公司还计划成立农村消费事业部，帮助乡镇网点更好地服务农村消费者。

在陈献看来，农村电商已经成为现如今最大的热点之一，而淘宝、京东等大型电商网站的渗透率在许多乡镇和农村还非常低，"一方面，物流向下延伸的成本非常高，另一方面，他们的主力战场还是在城市级，他们不了解农村市场。我们希望能够抢在它们之前，将农村市场覆盖好。"据他估计，机会的窗口期大约只有两年时间，而在这两年时间里，蜂云网络要做的事有很多。在尝试B2B2C模式的同时，公司正努力实现区域型扩张，陈献希望通过与资本市场的对接，首先做好5~6个份额较高的省份的覆盖。2014年9月和11月，蜂云网络已经分别进入了山东和安徽市场（图13-3）。

在新的业务崛起的同时，江苏蜂星的传统分销业务也在2014年逆势上扬，全年销售额达到了38亿元，比2013年增长30%左右，这是令人始料未及的。陈献认为这是新商业模式反哺旧模式的结果，"以前生意做得再大，我们也只是一个没有价值的代理商。而当我们将所有的产业链，包括供应商、厂商、运营商整合起来之后，就对外部体现出了更大的价值"。新老业务的分开运营管理，使两者叠加的效果更好，同时，集团仍在有意

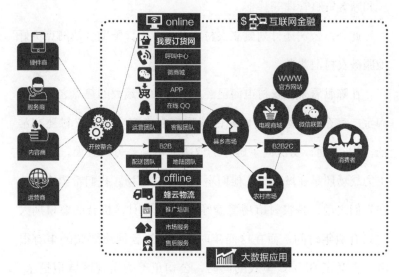

图 13-3 县乡农村 O2O 市场布局

识地将老业务做减法、新业务做加法：传统分销团队原来有 400 人，如今已经减少至 200 人，而蜂云网络从刚刚成立到现在，员工已经超过 300 人。"外部影响力在增加，而内部核心骨干二次创业的激情也在蓬勃兴起。"

在陈献看来，O2O 公司线下部分越来越重的现象在所难免，而要实现信息到交易的闭环，必须要由懂产业的人实现，传统行业的参与者必须做好转型准备。"未来的 5 年最大的机会在于，传统产业链怎么通过互联网和移动互联网的模式去改造。将互联网和整个产业结合时，产值会更大。"

13 蜂云网络：一个手机分销商的"意外"转型

※ ※ ※ ※ ※

蜂云网络"两层土壤＋增值服务"的模式已经初具雏形，然而布局县乡农村市场不仅需要在各省市快速复制该模式，更需要继续纵深，向下布局物流并整合多种服务和产品供应链，这些都需要更多的资本撬动和重资产的投入，也将是蜂云网络未来的悬念所在。

14　猪八戒网：九年熬成百亿估值*

"我没想到，平台公司居然发展这么慢。好在创业者都是乐观主义者，我始终坚信方向正确，就是需要有耐心。"

2006年时就有一种论调，认为传统媒体会被新媒体取代。作为传统媒体（《重庆晚报》）的首席记者，我自然会对这个话题比较关注，也很感兴趣，于是开始了解互联网。

那时方兴东创办的博客中国挺火，我就开始写博客。写了一段时间后觉得博客的商业模式毫无创新，本质上和传统媒体一样——"流量＋广告"，内容的公信力还不如传统媒体，肯定没

---

* 本文口述者朱明跃，猪八戒网络创始人。采访者潘东燕，《中欧商业评论》原主笔。文章由朱明跃整理而成。原载于《中欧商业评论》2015年第9期。

有未来。但博客点燃了我对互联网的强烈兴趣，开始琢磨是否有一种不是博客的新媒体可能对传统媒体形成威胁。沿着这个思路，我更深刻地认识了互联网。

在我看来，互联网的商业模式无非两种：一是"流量+广告"模式，二是佣金模式。第一种模式就是传统媒体的商业模式——羊毛出在猪身上。第二种模式具有革命性，但当时淘宝、当当等企业已经做得很出色了，同时电子商务涉及仓储、物流、支付等诸多复杂体系，不是我能玩的。我就开始琢磨：像记者写稿、广告公司做策划、设计公司做设计、建站公司提供网站开发（当时建站公司生意好得不得了）等非标准化，不需要仓储、物流的服务领域，是否也能诞生如淘宝那样的交易平台？

冒出这个想法后，我自学了FrontPage，写了第一版网站程序，但很多功能无法达到我的要求。不久后，我发现国内有另一个网站的定位和猪八戒网几乎一模一样，但功能等设计更加成熟和完善。于是，我花了500元请了一个程序员将网站设计推倒重来，认真做了猪八戒网的第一版，就这样正式开始做服务类交易。

新商业　新势力：
社会巨变下的创业思路

"威客"第一波

"2006~2008年很多媒体关注威客，当时猪八戒在行业中排在五六位，但行业格局还没定。"

猪八戒网的种子用户是通过向周围朋友"拉皮条"的方式找到的，这是记者的优势。那时，我拉到一个朋友就问他："有没有LOGO设计的需求？钱由我们先垫着！"上线半年后（2006年9月）我正式离职创业，当时大约做了1 000多单交易，没赚到钱，也没融到资，不过发现它确实有价值：一是收取佣金的盈利模式很清晰；二是社会价值也不错，那么多人有就业压力，到这个平台可以提高他们的收入。当时就在想，交易规模达到一定量级后，他们可以全职在这个平台上工作，甚至是创业。我们当时提了一个口号——猪八戒的革命工作就是掀起全球工作的革命！

很多人认为我辞职创业会很纠结，其实一点都没纠结。猪八戒是商业价值和社会价值兼备的平台，在中国做生意能摊上这么个事非常难得。

当时还没有"威客"（Witkey）这个词，它来源于中科院的一个学生写的论文，将猪八戒网等公司的商业模式定义为威客，硬是生造了一个英文单词。中央电视台《新闻联播》也采用了这个词,威客就流行开了,后来被英文词典收录。

威客概念流行开后,陆续涌进了三四十家创业企业。有意思的是在这个创业群体中,媒体人是主流,主要原因在于这个生意具有双重价值,媒体人总体来说更有情怀一些。同时他们都有各自的媒体资源,也更懂媒体要什么,初期主要增长方式就是通过媒体营销增强交易平台的公信力,因此在2006~2008年有很多媒体关注威客。按交易量,当时猪八戒在行业中排在第五六位的样子,但行业格局还没定。

慢生意熬走竞争对手

"那是电商盛行的年代,服务交易还过早,只能慢慢等待,无法逆势而行。"

2008年左右,我们开始意识到,当时的互联网大环境决定了服务交易平台是个慢生意。那是电商盛行的年代,服务交易还过早,只能慢慢等待,无法逆势而行。当时我们已经获得天使投资,交易量一直有增长,只不过是线性增长。于是,我们开始转向修炼内功,而非急于对外传播。

2008~2010年是国内互联网公司疯狂山寨国外新兴互联网公司商业模式的年代。在国外虽然也有威客类的公司,如

Elance、Freelancer、Guru、oDesk 等，但它们主要以 SEO、网站开发、应用开发等科技类工作为主。同时，国外用户的网上付费意愿相对强烈，这些平台很容易就能收到会员费，甚至是需求发布费，盈利点较多。然而这种盈利模式在国内不可行。

发展到现在，行业里大多数公司都已经不在了，我们的市场份额已经超过 80%。对手陆续退场，有以下几个原因：第一，行业机遇未至却过早发力强推，建豪华团队，打广告，花了很多冤枉钱，现金流耗干；第二，缺乏耐心，熬不住，虽然交易量有增长但很缓慢，做平台想起来很美好，但现实很骨感，短期也赚不到钱，同时其他事情的诱惑很大，在当时甚至开个淘宝店都能赚得更多；第三，平台自己开始接生意，高额赏金在平台不赚钱时诱惑很大，不少公司就自己开始接单，由此导致用户的积极性和活跃度大大降低；第四，当时整个行业在融资方面除了天使轮外，很难再融到钱。

因为在重庆，我们活得更久

"身处重庆在很多人看来可能是个劣势，但对于需要熬出来的互联网公司来说，就会成为优势，因为不容易浮躁。"

拿到天使投资后，我们制定了非常正确的战略，这也是我们能剩下来的最重要原因之一。作为交易平台，核心评价指标无非是收入、成交量、利润、流量、订单数等，但我们和天使投资人只关注一个指标——和竞争对手的距离。首要目标是做到行业第一，哪怕只领先 1 块钱，绝对值不重要，只看相对值。2007 年我们每个月只有十几单，行业第一的公司能做 100 多单。当时计划用两年时间将交易量做到行业第一，结果只用了 9 个月。

我们坚信第三产业一定比第二产业规模大，未来一定会有一个第三产业的交易平台，不是猪八戒也会是牛魔王。但我们也很清楚，平台生意是个持久战，因此制定了持久战的战略。2007 年周鸿祎曾到重庆作了一个演讲，告诫创业者千万不要做平台，否则就是死路一条。我听完就灰溜溜地走了，后来很长一段时间都不再说自己是做平台的了。回想起来，当时还是不够自信。

猪八戒身处重庆在很多人看来可能是个劣势，但对于需要熬出来的互联网公司来说，就会成为优势，因为不容易浮躁。如果是在中关村，我们可能很快就开始怀疑自己了。我们和互联网行业的人交流不多，就是埋头苦干。在重庆还有另一个好处是，房租、人工成本相对较低，500 万元的天使投资我们能够花更长时间。2007 年我们拿到天使投资，2011 年才开始 A 轮融资，当时公司账户上其实还有结余。

淘宝无法跟进猪八戒

"猪八戒网的店铺模式淘宝是无法跟进的,因为服务交易和商品交易有本质不同。"

在猪八戒网主要有两种交易方式,悬赏模式和店铺模式。悬赏模式的问题在于受众过小,只适合拼创意的小单,不太适合金额高、开发周期长的项目。在很长一段时间里,猪八戒网都在悬赏的交易模式里走不出来。在悬赏模式下,买家要先将钱打给平台,不能退款,否则没有卖家愿意参与。而国外威客企业的玩法是:买家发布需求后,卖家去报价,然后选择一个卖家去做一对一交易,这类似于店铺模式。猪八戒网从2011年开始探索店铺模式,但服务交易的店铺怎么开、商品怎么陈列、交易流程怎么走……需要一个漫长的摸索过程。现在我们的店铺模式已经成为主流,占到总交易量的70%。

猪八戒网的店铺模式淘宝是无法跟进的,因为服务交易和商品交易有本质不同。在我看来,服务交易就不应该列入电商的范畴。电商的基本逻辑是平台将优质卖家集中起来开店,把最好的流量和订单分配给最优质的商家。而服务交易的店铺如果这么玩就会崩溃。例如,有一家公司或个人做VI系统很牛,平台给它最好的资源让它一天接到1 000单,这个逻辑在淘宝上可行,但在猪八戒网的平台上将是一场灾难，因为没有一家公司或个人能在一天内处理 1 000 个订单。服务交易是个性化定制，下单只是订单的开始，每个店铺的产能都是有限的，只有分散才更有价值。在淘宝上，接单越多的店铺排名就越靠前；在猪八戒上，接单越多的店铺可能会排在越靠后的位置。

目前淘宝也在做服务交易，但整个运营体系、组织架构、考核体系等都还是电商逻辑，这很难调整，除非在淘宝体系外从零开始独立运作。猪八戒网的店铺模式也是一对一形成交易，但后台的运营体系和实体电商完全不同，是另一套环环相扣的运营系统。

模式跃迁："数据海洋＋钻井平台"

"一边零佣金放水养鱼，另一边在数据海洋钻井生财。'数据海洋＋钻井平台'的商业模式才算真正成熟。"

这么多年，我们一直在埋头创新，发动了七次"腾云行动"，几乎每次都是兴冲冲地推倒重来，未必能达到想要的效果。2014年前都只能算是摸索阶段，利用平台的中介价值赚信息不对称的钱，靠佣金、广告费、会员费等盈利。当时最大的问题是受制于交易规模。最近几年，消费者才开始接受网上的生活服务，而在企业服务才刚刚兴起，此前做得再好，交易规模都不大。

2014年，我们认识到了平台的另外两层价值。我们去思考：猪八戒网这个平台已经走过九年了，到底沉淀下了什么？是数据。第一是300万买家数据，同时每天新增近5 000个买家；第二是1 000多万有各种专业技能的卖家数据；第三是超过10T的原创作品数据；第四，用户和订单的交易行为数据。1 000多万卖家都已经被我们贴了标签，如能力、信用、规模、地理位置、收入等。既然如此，能不能把平台看做是一个数据海洋，然后去钻井？我们取消佣金，就是让更多人进来玩，沉淀更多的数据；钻井平台就是去分析这些数据到底有什么价值，挖掘交易后的服务需求。一边零佣金放水养鱼，另一边在数据海洋钻井生财。"数据海洋＋钻井平台"的商业模式才算真正成熟。

例如，猪八戒网每天设计几千个企业标志，过去这些交易完成后就没事了。现在我们就去研究这些标志设计完成后买家到底还需要什么服务？目前仅是商标等知识产权保护这一口"井"的收入，几乎就超越过去整个平台收入。我们只用了6个月就成长为中国最大的知识产权代理公司。客户是否还需要印刷、品牌设计、财务代理、金融服务、教育培训、创业产业园……？每一口"井"背后都是千亿级的市场。

猪八戒网的核心竞争力是平台沉淀的数据及以数据为核心建

立起来的全新商业模式，没有人有同样的资源可以跟进我们，运营体系是我们的核心能力。公司目前有 800 多人，主要从事三类工作：产品技术研发，这是一个平台持续增长的动力；二是运营服务；三是"钻井"团队，目前也有两三百人。表面上看，目前猪八戒网只挖出了一口知识产权保护的"井"，其实我们将成为一个从起名字就开始提供服务的中小微企业一站式服务平台。现在我不太关心威客的概念，猪八戒网更像是一站式众包服务平台。

目前我们最大的挑战是线下能力，过去我们都在线上，现在要接受线下挑战。今年要在 30 个城市建立地推队伍做商业拓展。到底怎么做、效果会怎么样还不确定。另外是品类拓展的能力，过去是用户推着猪八戒网走，现在我们要主动去拓展服务品类。第三是钻出新需求并满足客户的能力，目前猪八戒网在中小微企业中的知名度和渗透率都还不够。

创业者都是现实的浪漫主义者

"所有创业者都是现实的浪漫主义者，虽然会变得越来越现实，但本质还是浪漫主义者。"

关于创业的成就感，我可以分享三个小故事——

新商业　新势力：
社会巨变下的创业思路

◆ 2006～2008 年第三方支付还不发达时，我们是拿着卖家提供的银行账号去存款，付款单据一张张地扫描出来，公布在网站上，那是最幸福的时刻。

◆ 去年我们曾接到一个客户电话，告知有个服务商团队从来不接电话，只在 QQ 上交流，问我们他们会不会有问题？我们也发觉他们从来不打电话。由于留有注册地址，我们就去拜访他们。结果发现这是一支 6 个全都是聋哑人、做平面设计的团队，他们只能通过 QQ 和短信交流，在猪八戒网上已经有五六年了。从最初完全找不到工作到现在平均每人每个月可以赚到七八千元。

◆ 今年我们开了一个卖家大会，原来只邀请 100 多位卖家，结果来了 300 人。有一个女卖家特意在会后找到我，希望猪八戒网能继续走下去，她过去开小店赚不到钱，现在在猪八戒平台上赚到了钱，两口子养活了 30 多人。

这些事情给我们带来的成就感，不是我们融到 26 亿元就可以带来的。融资都是锦上添花的事，真正创业的煎熬没有人知道。

创业过程中，最让我意想不到的是平台公司居然发展这么慢。好在所有创业者都是乐观主义者，我始终坚信方向正确，就是需要有耐心。在熬的过程中，难免有小伙伴掉队，核心团队成员中有两三个人离开了。他们在公司最艰难的时候

(2006~2009)没有走,满怀希望到了山顶,发现山峰还在更高处,于是选择了离开。每次融资都觉得心力交瘁,要和投资人过招不容易。融资这么多次,正式的庆祝会都没开过。尤其这次融资过程真的是惊涛骇浪。

创业以来还没有觉得有走不下去的时候,所有的创业者都是现实的浪漫主义者,虽然会变得越来越现实,但本质还是浪漫主义者。创业对一个人的改造太大了。我过去非常内向,现在变成一个挺能忽悠的人,不要PPT也能讲上两三个小时。从过去完全的互联网门外汉变成产品经理,又变成了所谓的创业家。性情大变,压力很大,精神分裂,极度忧郁。现在压力其实更大,26亿元投资都是要回报的。

总的来说,我们能走到今天:一是依靠取经的心态,首先是学习。我们这群互联网的门外汉,通过九年的学习,成为各个领域的专家。面向小微企业的复杂交易,在中国只有猪八戒网可以做,因为这是最苦的生意:高单价、低频、决策理性、非专业买家、做复杂购买。二是熬的心态,韧性和坚持。猪八戒网2005年底上线,熬了九年多,产品不断变来变去,但方向从来没变过。三是身处二线城市的优势,成本低、不浮躁、人稳定。劣势是高端人才匮乏,以及外界对我们的偏见——在一线城市做到60分就有人愿意投资,二线城市要做到100分才会有人投资。

新商业　新势力：
社会巨变下的创业思路

　　创业公司带团队无非是两种方式：一是将钱放在桌子上，二是将梦想放在桌子上。做平台是个慢生意，在早中期我们没有那么多钱可以放在桌子上，那就必须营造创业氛围，给大家描绘美好的梦想，激励大家前行。在猪八戒网，我们推行取经文化，认为每个人都潜力无限，平凡的人通过修行也能取到真经。2013年开始，我们在整个公司施行倒三角的组织结构，公司拆分成40个取经团。基于控制的汇报线和管理线依然有，但变成暗线，明线是各个取经团独立运作，推行互联协作的价值观。现在公司设有几个副总裁我都不知道，大家都是相互独立地在做一件事情，级别意识比较淡薄。2015年我们开始引进人才，今年刚加入公司担任COO的王楠是我在中欧的同窗校友。

　　团队重要，然而创业过程中，起决定性作用的还是企业家。因此，一个企业家最好的品质是永远坚持学习和思考，否则很容易成为企业的瓶颈。从最开始的无知者无畏到后面处处是杀机陷阱。现在最大的恐惧就是对于有些事，我们明明知道不能做但由于抵不住诱惑或压力而不得不去做，这是很有挑战性的。

15 "超级导购":重新定义总部与终端*

品牌零售大型企业总部与终端的终极矛盾,被一个叫"超级导购"的App化解了。它的愿景是成为零售行业数字化智能化的运营平台。

2016年,一家知名裤装企业通过门店导购手机上的一款App,发起了"每天多卖一条裤子"的主题活动。这个夺标竞赛吸引了3 000多名导购参与,创造了6万多条回帖,裤装销售量同比增长31%。

2017年3月,一家知名的体育用品企业,通过门店导购手机上的这款App,针对终端1 000家店,发起为期2个月的"连

---

* 本文由《中欧商业评论》案例研究部撰写。原载于《中欧商业评论》2017年第7期。

带率"专项提升计划,千店连带率平均值提升 27%。

2017 年 5 月,一家知名的女鞋企业,还是通过这款 App,策划"爆款来袭"单品主推活动,2 周内销售量有效对比翻一番。

这款安装在门店导购手机上的 App 叫做"超级导购",它并非一个简单的 App,而是基于大数据、云计算等技术手段,为品牌零售企业提供零售精益化运营的业务管理平台。

品牌零售运营新范式

"大规模品牌零售企业运营的挑战,正从来自外部快速变化的压力转移到内部组织协同高效运转上。外部资源的边际效应递减得非常厉害,压力更多地堆积在了企业内部,呼唤真正优秀的组织经营能力。这种能力不是体现在单兵能力上,而是一种团队整体作战的协同力和执行力。所以本质上来讲,这轮竞争的实质是组织能力的竞争。"超级导购联合创始人王志瑜说。

行业多年的浸润,让王志瑜深知大型零售组织的痛点。在"总部-终端"职能分工的体系下,组织臃肿庞大是企业的症结,这表现为两方面:第一,层级越来越多。从终端店员到最高决策者,有的是七级,有的甚至到九级。第二,汇聚到终端门店的运营条线越来越多维。随着总部职能越来越细分,终端的店员受到越来越多的条线管理。总部－终端的信息流转既缓慢又容易失真，总部与终端脱节，无法应对激烈的竞争。

隐藏在僵化的组织体系背后的是资源配置方式。过去，资源永远掌握在总部手里，再以职能部门为中心进行调配。不同部门之间的资源协调庞杂而微妙，有的靠制度规定，有的靠会议协商，有的靠人情协调……效率很低。

成立于2014年的上海向心云网络科技有限公司，专注于零售业务领域的人、货、场的精细化运营研究。"超级导购"这款基于移动互联网的App，就是向心云公司的核心产品之一。在门店导购的手机上，"超级导购"将总部平台跟终端平台连在一起。其本质不仅是信息同步交互，更是将一线战场的"人"，与组织这部"机器"连接在一起。总部到终端的距离，从七到九个层级的千山万水，缩减为App上的一次点击。

看起来并不是多么了不起的变化。但当一线人员可以即时、公开、无边界地获取总部信息时，任何事情都没有了推诿余地——不能再说"没有被通知到，我不知道"，而只能说"既然知道了，为什么没做好？"同理，对于终端反馈回来的消息，总部也必须实时响应和反馈。

"它对组织的改善是瞬间的。信息不对称就像气候的乱流一样，本来到处乱窜，现在快速形成一股风，只往一个方向吹。在

'超级导购'的支持体系下,大规模组织不是某个单点在变化,而是把整个线下场景搬到了线上。"王志瑜说。在他看来,总部以店员为中心,店员以消费者为中心,用社群运营的手法经营一线,像经营客户一样经营员工,在工具的支撑下,总部就是现场,现场就在总部,借助于算法,实现数字化智能化的运营,改变乱流,赋能组织,这是品牌零售组织运作的新范式,是新一轮的敏捷组织。

终极矛盾:总部 VS 一线

怎样才能听见炮火?当下风生水起的新零售概念,本质上就是消费者的细分和满足。过去,商家的逻辑是围绕商品展开的,总部职能安排也必然如此;未来,总部和终端必须"倒置",接触消费者的终端将成为一切动作的触发器,"听见炮火的人"必将掌握更多的权力和资源。

"超级导购"首先解决的就是这个问题。前方战场到底发生了什么?"打仗"的店员们到底在关心什么?到店消费者是什么状态?过去对信息的反馈是迟缓而失真的。如今,在"超级导购"App的界面上一目了然。譬如,平台可以不停回收终端数据和销售场景,尤其是非结构化的数据。过去在POS系统中也能看到销量等数据，但这只是结果，无法获知过程"黑箱"中发生了什么。有了店员从现场反馈上来的各种场景，就可以帮助总部快速提高响应速度，做相关改进。

在"超级导购"平台上，当总部直联终端，当信息传递扁平化之后，所有人都必须面向终端进行改善，资源也相应地流动起来了。这导致了总部资源配置方式的两种变化：其一，变成了"经营波段"；其二，变成了"经营终端"。总而言之，资源的指挥棒开始围绕着终端经营、业绩波段舞动。

如果没有业绩评价体系作为支撑，这个指挥棒的效果会大打折扣。"超级导购"还构建了新的评价系统。过去，总部职能部门的评价系统更多可能是面向上级，或面向平行的兄弟部门，很少真正面向终端。但在"超级导购"的撬动下，企业会将总部职能嵌入整个价值链协同的环节，甚至70%以上的比例是要交给终端来评价的。总部运营有没有价值，有多大价值，终端说了算。

如何精准制导，精益运营？

"超级导购"让终端的炮火声实时地、不失真地传达到总部。那么，当总部根据前方声音形成了决策，希望快速精准地部署到地面部队时,"超级导购"又是如何"精准制导",实现精益化的零售运营?

"商品卖点、陈列指导、VIP 维护……所有可能发生的运营细节,如何精准到店、到人、到货品、到每一个动作,甚至精确到具体时间节点中发生?在过去,这是很难做到的,因为即便是有好的总部策略,当面对成百上千个门店、成千上万个员工的时候,同步的精细化运营就变得非常困难。""超级导购"的联合创始人李伟说,"超级导购平台特别有力地推进了这件事情。"

文章开头提到的小案例能够印证这一点。另一个来自客户的案例是,一家运动服饰品牌商希望抓住年底机会卖高价、卖主推、成套搭,以此提升店铺的连带率。于是总部发起了两个主题活动:一是"疯狂晒大单",鼓励消费者成套搭配;二是晒某新款运动鞋的销售小票,提升主推新款跑鞋的销售额。针对这一任务目标,总部在"超级导购"平台上打了一个组合拳。一整套动作之后,业务波段顺利完成,成果让人惊喜:连带率增长10.7%,一周重点店铺卖出 2 万双新款跑鞋。

所谓精准制导,精益运营,体现在上述案例中就是:只有参与活动的门店才能看到活动方案;在不同的活动时间节点会收到总部发来的个性化提醒;连带率低的店员收到连单技巧和搭配建议……

15 "超级导购"：重新定义总部与终端

为什么是导购、店员、业务员？

"超级导购"，顾名思义，是以那群身处零售终端的导购员、店员、业务员为使用对象，目的是帮助一线店员、店长降低工作难度，提高工作效率，提升能力和业绩。

虽然各种新技术、新工具、新设备不断涌现，但一群有温度、有专业知识、有良好服务理念和服务技能的一线店员，始终是消费者体验感知的关键环节。过去，销售终端是散沙状的，虽然门店和导购很多，但本质上都是单点，并没有连在一起。而这种连接，跨越了时空和地域的维度，一个导购置身于时时在线的网状结构中，成长空间也就随之打开，只要你在某一方面有突出的技能或贡献，就可能成为公司平台上的网红，"超级导购"给一线带来了社会阶层的突破感。

连接之后的关键问题——如何让一线店员有内在驱动力，愿意在"超级导购"平台上学起来、动起来？总部可以用一纸命令要求员工使用 App，但若未激发他们的内在动能，就很容易沦为"总部运动式折腾"，效果欠佳，经常引来怨声载道。

"一定要做社群化运营"，王志瑜说。借用游戏化的玩法，"即时激励＋成果播报＋榜样塑造"，激活导购们内心需要被认可、业务中争上游的欲求。工作中遇到问题，可以在 App 上发起一个悬赏，向全国的导购同行求助。求助者和助人者都可以获得金币奖励；总部发起某个任务，完成之后，就可以得到相应积分——学习课程有积分，发个帖子有积分，甚至在平台上跟同事们问声"早"都有积分。金币、积分有相应兑换机制，换吃的，换用的，甚至换取调休的小时数……

通过社区和游戏化手段，一线店员在 App 上的活跃度高了，生产出很多有价值的信息，后台运维人员通过平台时刻关注一线动态，这就形成了双向互动。

不只是软件，不只是内容，不只是咨询

零售行业的 2B 生意并非蓝海，无论是软件、培训还是咨询，竞争都已十分激烈。创始团队认为，"超级导购"（"超导"）之所以能够在这么短的时间内获得突破，秘密在于"非对称竞争"——相对于纯工具软件，"超导"有门槛极高的内容支持；相对于内容公司，"超导"针对客户有深度的咨询和运营实施；而相对于咨询，"超导"有自己的软件工具。

"超级导购"创始人彭一说："从事咨询行业 20 年最大的感触，就是怎么把认知能力转化为执行的结果。要感谢移动互联网，移动互联网提供了一种新的可能，通过一线导购员手上的

App，帮助企业实现总部到一线的连接，重构品牌与消费者的连接方式，品牌零售企业都有一个机会：在工具的支持下，以极低的成本和极快的速度，撬动整个组织，构建以消费者为中心的新零售的运营能力。"

"优秀的公司，引入'超级导购'约4～6个月，就能够明显发生变化，因为优秀的公司，内生的运营能力本身就很强，工具提供的效率很快就能发挥作用。"这是王志瑜的观察。"应用是一个潜移默化的过程，不断帮助各总部、区域、店长改进工作的效率，不断解决过去存在的各种困难，分步实现整体能力的改进。"彭一说。最直观的感受就是成本节约。过去总部人员要坐着飞机去巡店，现在一个小时就可以在App上巡视一圈；过去需要印刷大大小小的手册铺到门店，现在只需要挂在平台上，按需索取；过去组织远程店员培训费心费力，现在这笔费用也可以省下大半……

但是对于大多数企业来说，当前零售运营的能力，本身还有相当大的缺口，特别是代理制为主体的公司，在引入"超级导购"的过程中是组织不断构建新零售运营能力的过程，这个过程显得漫长而艰难，与时代变迁对企业的要求显得有些格格不入。

实现这种价值，当然需要"超级导购"建立有长期零售运营工作经验、对新零售运营方式有深刻理解的服务团队，长期为企业提供深度运营的服务支持。目前"超级导购"产品开发和运营实施人员配比做到1∶1，未来这个比例还会进一步增大。"相对于单纯提供软件，增加了深度运营支持的维度，对我们的要求就很高。难度大，但价值也高，我们就冲上去把这件事情做好。"

运营的一大难度，就是需要内容。就内容而言，基于门店销售和服务实践，从细分行业的角度构建体系化、专业化、有实用价值的课程资源，历来是一个挑战。

在手机端，人们聚焦于某个话题的忍耐时长通常只有三到五分钟。"碎片化，一个知识点就是一个小视频，但这些碎片化的课件，就像一颗颗珍珠，我们根据企业不同的需要，提供了珍珠项链的多种串连方式，从而实现形散而神不散。"超级导购内容团队的负责人李伟说。为此，"超级导购"过去四年，研发了1 000多个行业通识类的动漫版门店培训课件，未来两年，先扩展到4 000个，再扩展到1.2万个，用以满足企业基础性和通用性的移动端测训课程需求。而有关品牌文化、产品卖点等带有企业个性特征的内容，由企业自身来完成。

如果说"超级导购"和企业自身规划设定好的结构化知识是"正规军"的话，这些知识都带着自上而下的特征。在"超级导购"平台上，不断调动优秀导购还原真实、鲜活、有效的案例，形成带有企业独特基因和属性的经验集，就像是很有战斗力

15 "超级导购":重新定义总部与终端

的"游击队"。比如某个导购在"做大单"方面有独特经验,他/她的分享也可以成为企业内部知识体系的一部分。"正规军和游击队,得配合着玩起来才有意思。"李伟说。除此之外,"超级导购"还在构建零售行业的高管圈层生态社群——麒麟会,希望在零售升级的关键期,搭建一个行业学习、互助、共享的社群。

目前,"超级导购"已经建立深度合作关系的客户,大多数是各自细分领域的领导者或者标志性企业,比如永辉超市、巴拉巴拉童装、太平鸟、拉夏贝尔、奥康、卓诗尼、爱玛电动车、古井贡酒、顾家家居等。"软件平台+通用内容+运营服务",是"超级导购"获得大企业认可的重要原因。

"帮助总部直连终端,帮助品牌重构消费者连接,在算法的支持下构建数字化智能化的运营平台,就是我们努力的方向。人工智能、数据驱动对商业的冲击,远比我们想象中大,这件事情至少会持续十年,不断处于演变状态。希望我们能成为这个领域对客户最有价值的公司",这是彭一和"超级导购"创始团队的愿景。

16　从流动水果摊到年收 20 亿的逆袭 *

生鲜电商竞争已然白热化,一家线下逆袭的传统水果连锁商将如何参战?

2016 年 9 月初,当全国人民谈论 G20 杭州峰会的各项议题时,杭州群丰果品连锁有限公司(注册商标为"鲜丰水果",以下简称"鲜丰水果")组成的"G20 专项工作小组"在默默地为峰会提供着多种新鲜的应季果品。

鲜丰水果创始人兼董事长韩树人亲自坐镇峰会的后勤保障中心,指挥着公司的产品、物流、质检和营运等部门,确保第一时间向峰会供货,并保证消费者不会因峰会期间交通管制带来的果

---

* 本文作者龚焱;赵丽缦,中欧国际工商学院案例研究员。原载于《中欧商业评论》2017 年第 6 期。

蔬供不应求而受到影响。

G20杭州峰会的水果供应任务圆满完成,韩树人愈发坚信,鲜丰水果可以借助互联网的力量为消费者提供更加优质的产品及服务。他同样明白,挑战无处不在。

从一个水果摊开始

故事起源于一个水果摊。

1997年,17岁的韩树人为了补贴家用来到杭州打工,从保安开始做起,并用仅有的80元购买了一辆二手三轮车,利用下班后的空余时间兼职做起了卖水果的生意。通过辛苦劳作、潜心经营,他的流动水果摊获得的收益居然超过了做保安的工资收入。于是,韩树人辞去了保安工作,决心在水果行业大干一场。

两年之后,韩树人在杭州市和睦饭店的屋檐下租借了一个门面。当时,大型超市开始出现在杭州,爱读书的韩树人在阅读《沃尔玛真经》之后确信,水果连锁超市将成为未来发展的趋势。2004年,杭州大规模旧城拆迁改造之时,韩树人不但没有失去自己的水果摊位,还找到和睦街道相关部门,提出了集资继续经营水果的想法。最终,在街道的支持下,韩树人用自己积攒的几万元,在和睦街道的华联超市旁开出了鲜丰水果的第一家水果超市。

2006年,公司正式注册成立。在接下来的几年,韩树人带领团队逐渐建立并完善了水果的标准体系、采购系统、物流配送系统、客户服务体系、人才培训规范和后台的精细化管理流程等,实现了可持续的单店盈利模式,进而形成可复制的商业模式。"十多年来,我们只专注做一件事,那就是卖水果。"韩树人说道。

他将鲜丰水果定位成"一家专业的水果供应链公司和专业的水果品牌运营商",围绕这一定位和"新鲜才好吃"的经营理念,公司旗下推出"鲜丰水果、鲜果码头、水果码头、杨果铺"四大品牌,涉及零售、果汁鲜榨、水果批发和干果等多个领域。

截至2016年8月底,这个华东地区最大的水果连锁企业在杭州总部的职能行政管理人员达到600余名,全国店员总数接近6 000名,与全球87个种植基地(38个全球基地和49个国内基地)建立合作。

水果店的合伙人模式

每年,鲜丰水果新开的门店数量呈几何倍数增加,从最初的每年新增1家店到2013年一年新增50家店,主要集中在杭州及周边地区,而后公司发展开始进入快车道,至2016年8月底,鲜丰水果在全国19个城市的门店数量扩大至680余家,预计全年营业收入达到20亿元。

鲜丰水果发展其门店数量的模式主要依赖于它的合伙人。鲜丰水果的合伙人包括两层含义:一种是单个门店的合伙人,按照其对某个门店投资的比例,每个月进行分红。这种"合伙人模式"于2013年推出。这种模式的动机是使店长变为股东,大大地提高店长和员工的工作积极性。目前,鲜丰水果90%以上的门店都采用合伙人制度。对于合伙人,鲜丰水果采用了末位淘汰制管理,通过绩效考核对不合格的合伙人进行降级或者清理。

合伙的第二层含义是"加盟"。鲜丰水果于2016年3月推出了加盟形式,加盟商具有一定的区域性。比如,江苏区域的若干家门店都给到加盟商,加盟商可以凭借其投资成立分公司。加盟商投资每家门店的金额在25万元左右,具体因区域不同而发生相应调整。鲜丰水果会向门店输送所有标准,比如装修、设备、产品配送、管理、人员培训等。而在利润分配方面,在加盟商向鲜丰水果支付相应数额的加盟费之后,可享受其门店的全部收益。

除了常规的公司部门之外,鲜丰水果于2008年率先建立了"水果学院",每一个来鲜丰水果的员工都会进入水果学院,按照

"师傅带徒弟"的模式来培训新员工。员工入职培训都会集中在杭州本部进行,接下来的上岗培训和职业发展培训会在分公司进行。总部的训练部将对接各分公司的训练部,为其提供培训课程安排,即按照统一标准进行培训。

鲜丰水果的发展一直较为低调,其战略投资和财务融资都早于同行业企业。在2014年获得九鼎的数千万美元融资之后,鲜丰水果并未将这笔融资用在门店扩张方面,而是用在了供应链基础设施的建设上。2015年8月,鲜丰水果低调并购了拥有100多家门店的阿K果园子,弥补了其在浙南地区三、四线城市的不足。收购之后,鲜丰水果和阿K果园子进行双品牌经营,在供应链、终端管理和专业人才培养等方面优势互补,并进行企业文化整合,顺利实现共同发展。

铺向全球的产业链

在鲜丰水果的商业模式中,前端和后端结合得非常紧密,"基地+进口双直采"的采购模式(其中,进口类水果和国产水果分别约占40%、60%)得到了坚持。

鲜丰水果与种植基地的合同方式有三种:第一,鲜丰水果与之签订排他性协议,承包整个果园,购买其产出的所有果实。这

16 从流动水果摊到年收20亿的逆袭

样的供应商占到鲜丰水果供应商数量的30%。第二，通过与当地政府的合作，鲜丰水果采购当地政府供销社模式售出的水果。第三，鲜丰水果与商业公司（如大型跨国公司）合作。2015年，鲜丰水果还成立了进出口贸易公司，可以直接从国外的产地而非商贸公司来采购优质水果，公司还派遣专门的采购团队驻扎在相应的国家。

与很多生鲜产品销售商不同，鲜丰水果没有完全依赖于"以销定采"的模式，而是将"以采定销"和"以销定采"结合运用，坚持"配送中心、中央仓储建设的物流链从上到下支持"以及"数据中心、订单处理建设需求链从下到上反馈"的反向供应链模式，最终通过加盟店和虚拟店向消费者提供产品和服务。例如，有些与合作基地签订采购协议的品类，鲜丰水果会采用"以采定销"；而对于有些品类（比如需求量并不大的牛油果），可以根据销售情况去安排采购。

除了对采购和供应链的精细化管理，鲜丰水果还加强了对终端连锁门店的精细化管理。公司总部的监控室里可以看到全国各店面的运行情况，员工的着装、发型等细节都是监察的内容。例如，店员不可以染指甲、留长指甲，因为对水果会有伤害。数据中心还可以分析出每家门店每种品类的销售情况，进而可以合理安排发货。

新商业　新势力：
社会巨变下的创业思路

卖水果如何标准化管理

"2007年底我刚加入公司的时候，我们只有8家门店，现在能够成立600多家门店，与我们建立统一的产品标准是分不开的。"鲜丰水果运营总监张万华说道，"我们的产品、管理和物流都是标准化的。"

"好水果不是选出来的而是种出来的。"因此，每年在全球范围内寻找优质种植基地就成了韩树人和他团队的修行。公司还与浙江大学等农业研究院进行合作，共同研发出优质种子。对于合作的种植基地，从其选种到种植再到采收，鲜丰水果都会对果农提出统一的标准和技术指导，并承担最终的风险。

此外，鲜丰水果对仓储、物流、包装和门店销售亦有严格的标准要求。张万华举例说道："山东苹果和陕西苹果在糖度、色度等方面都有不同，而且需要不同的储存温度。山东苹果因为水分足、艳度淡，储存温度需控制在8℃，而陕西苹果水分少，艳度高，温度最好在5℃。"

在门店销售方面，以产品为核心的鲜丰水果一直践行"布、摆、口、吃"的四字箴言："布"，即布局，通过六大柜台，合理安排80～90类品种；"摆"，即美陈，在摆放水果时注意"量、色、全、动、鲜"，做到"最少的果品，最丰满的摆放"；"口"，即口径，鲜丰水果要求员工销售口径必须统一，做专业的水果大师；"吃"，即打样试吃，消费者可以免费试吃门店里推出的各种水果。

包装方面，鲜丰水果采用包括"4+1、6+2、单包装、精装"四类标准，针对不同水果用不同包装来保证水果受到的伤害最小。通过严格的标准控制，鲜丰水果的水果品质得到了保证，同时也大大地降低损耗。"标准化控制让鲜丰水果在同行业损耗率为8%～10%时，能够将损耗率控制在3%～5%，水果净毛利做到25%以上。"张万华说道。

"目前，我们在杭州约占整个水果市场的30%。"张万华说道，整个企业的利润大约80%来自鲜丰水果这个品牌，15%左右来自B2B模式的水果码头，而定位于CBD写字楼的鲜果码头以及调节顾客需求的杨果铺则利润甚微。张万华解释说："利润率不高但却对我们的品牌建设有贡献。例如，我们和阿里巴巴支付宝大楼有企业级的合作，服务于其内部员工，几乎是没有利润的，但是我们相信这些员工在其他场合会去购买我们的产品。"

拥抱O2O 发力线上

自2012年生鲜电商元年以来，基于互联网思维产生了一大

新商业 新势力：
社会巨变下的创业思路

批生鲜电商，中国的水果市场的竞争变得日益激烈，但是生鲜电商的市场渗透率不足 1%，占据市场绝对份额的仍然是传统的水果销售渠道。

鲜丰水果也没有停止过向线上转型的探索。2009 年，鲜丰水果便成立了独立的电子商务事业部，截至目前，鲜丰水果已建立了"鲜丰"官网、天猫旗舰店、微商城等多个电商销售服务渠道，在长三角地区有"鲜丰"门店的地方，便可实现线上订单、线下配送。"考虑到顾客年轻化以及 80 后、90 后更愿意线上消费的趋势，我们要积极拥抱互联网，这是顾客消费需求在发生变化。"韩树人说道。

消费者在网上下单的时间往往是上班高峰期，这对线下的配送能力带来了挑战。在没有足够的员工进行配送的情况下，鲜丰水果推出"到店自提"的模式，将配送成本补贴给消费者，同时在其提货时附赠其他单品，并欢迎到店试吃。

其现有的会员体系也为其向线上转型提供了保证。25～45 岁的女性占到了鲜丰水果会员数量的 60% 以上，这些群体正是大多数生鲜电商的目标消费者。与互联网企业相似，鲜丰水果通过各种方式（如，活动先知、会员日、会员专享、生日礼包、果园之旅）增加会员权益，通过全年 35 场门店活动以及一定的产品策略提高会员的黏性。

2015年,鲜丰水果会员的消费规模约14亿元,占总营业额的70%以上。为了管理好这些会员,韩树人对鲜丰水果进行了数据化、信息化建设,加大了对运营数据的管理和分析。通过对数据的分析可以获悉会员年度活跃度、每天的购买高峰期等信息。

人才是关键密码

为了扩大线上渠道布局范围,鲜丰水果不断地补充和调整其线上事业部团队。其中,目前担任鲜丰水果线上事业部总经理的孙亮原为阿里巴巴投资入股的宝尊电商消费品事业部的总经理。2016年5月,孙亮加盟鲜丰水果之时,公司线上事业部仅有9人,三个多月后,这个团队发展至26人的规模。

目前,与鲜丰水果合作的第三方平台包括美团、京东、百度、饿了么。2016年8月的数据显示,这四个平台的业绩在4个月的时间里提升了5倍左右,所有平台的日营业收入达到25万元左右。孙亮介绍称,鲜丰水果在这四个平台的转化率(包括流量转化率、产品转化率和SKU动销率等各个角度)都比较理想,而且线上的销售净利率超过10%。

截至2016年8月底,全国范围内有126家鲜丰水果的连锁门店在第三方平台上开始了 O2O 业务。这些门店 O2O 业务的营业额达到其总营业额的 18%，在全体门店的总营业额中约占 6%。

尽管第三方平台给鲜丰水果带来了不小的收益，孙亮依然看到了更大的发展空间："大平台带来的流量对我们是非常重要的，但绝对不是最关键的。如果我们能够上自己的系统，产生自有流量，我相信我们会有更高频的用户，我们的流量价值和会员价值，会远远大于这些第三方平台导流产生的价值。从这个角度来讲，我们做自己的平台、做自己的会员一定是有长期价值的。"

他意识到未来计划自建的 App 需要避免与第三方平台产生竞争。在他的规划里，这个 App 的作用是把鲜丰水果的会员维护在一个平台上，并为其提供增值服务和售后服务。"如果消费者喜欢第三方平台的一站式购物方式，没有关系，我们就跟第三方平台好好合作。"孙亮解释说，"但是如果有些消费者需要个性化的服务，可以选择我们。任何线上活动的探索都应该以更好地服务于最终消费者为导向，而不是刻意去创造渠道。"

万家门店的梦想

尽管生鲜电商对传统水果连锁带来了一定的冲击，但韩树人觉得："生鲜电商在一段时间内确实对某个单品有一定的冲击力,电商前期靠补贴营销讲故事,刺激消费,但这种模式并不能长久。"

在他的规划中,鲜丰水果的线上事业部将与终端零售"鲜丰水果"、B2B渠道"水果码头"共同成为未来支撑公司向前发展的三驾马车,其中线上事业部的营收贡献将占到公司总营业额的40%以上。

在谈起接下来的发展规划时,韩树人总是无比期待:"到2018年,我们未来的发展分为三块:一是以杭州为中心向长江中下游扩张,二是以合肥为中心向南京和芜湖地区辐射,三是以重庆为重点向四川周边以及武汉等华中地区辐射。在2018年之前我们会有超过2 000家门店。到2023年,鲜丰的门店将覆盖华北、华东、中南、西南和西北五大区域,门店数量达到万家,单店年营收达到200万元,实现总体营业收入200亿元。"

机遇和挑战并存,在向线上逆袭的鲜丰水果依然还需要跨越数道坎。不过,显然韩树人对鲜丰水果的未来充满信心。

图书在版编目(CIP)数据

新商业　新势力:社会巨变下的创业思路/周雪林,王正翊主编.—上海:复旦大学出版社,2019.1
（中欧经管图书. 中欧商业评论精选集）
ISBN 978-7-309-13985-3

Ⅰ.①新… Ⅱ.①周…②王… Ⅲ.①创业-研究 Ⅳ.①F241.4

中国版本图书馆 CIP 数据核字(2018)第 232444 号

新商业　新势力:社会巨变下的创业思路
周雪林　王正翊　主编
责任编辑/张永彬　王益鸿
复旦大学出版社有限公司出版发行
上海市国权路 579 号　邮编：200433
网址：fupnet@ fudanpress.com　http://www.fudanpress.com
门市零售：86-21-65642857　团体订购：86-21-65118853
外埠邮购：86-21-65109143　出版部电话：86-21-65642845
江阴金马印刷有限公司

开本 890×1240　1/32　印张 7.75　字数 132 千
2019 年 1 月第 1 版第 1 次印刷

ISBN 978-7-309-13985-3/F・2511
定价：45.00 元

如有印装质量问题，请向复旦大学出版社有限公司出版部调换。
版权所有　侵权必究